命理第一集團 李修命理學會

이수명리
팔자술종결 강의록

| 지은이 **旼豹 인선준** |

THE LEESOO BAZI SKILL TERMINATION

장서원
도서출판

지은이 : 旼豹 인선준

이수명리학회장

이수학파 제4대 장문

다니엘풍수학회장

이수명리 팔자술종결 강의록

첫판 1쇄 2011년 12월 27일

첫판 9쇄 2021년 1월 16일

지은이 旼豹 인선준

펴낸이 장석홍

펴낸곳 도서출판 장서원

04352 서울 용산구 한강대로 88길 21-5(남영동 7-1(201호)

전화 703-5362 팩스 797-5362

등록 제 03-01213호

jsw07279@naver.com

정가 15,000원

파본된 책은 바꿔드립니다.

目次

二講

三講

自序

서기 2001년 명학계에 새 지평을 연 책, '적천수 써머리'를 선보인 이래 '이수명리'는 사학계의 범접할 수 없는 독자적 경지를 뜻하는 대명사로 통할 정도가 됐습니다. 이 책은 이듬해에 대만의 무릉출판유한공사를 통해 '적천수적요'라는 제목으로 현지 출간됐습니다. 일본의 아부태산 이후 외국인으로는 사상 두 번째로 역학의 본토에 진출, 명리 이론의 새로운 패러다임을 선보이며 한국 명리의 선도적 장을 예고한 것입니다. 이로써 우리나라의 명리는 이미 세계 제일선의 자리를 꿰차며 지금까지 선두질주를 이끌고 있습니다. 동시에 형충회합의 팔자술 지식을 고도로 운용하는 테크닉을 다룬 '팔자술필살기'는 한층 강화된 이수명리의 오리지낼러티를 갖추고 역학 본토인 중국과 일본을 능가하는 최첨단 술기 분야의 방점을 찍습니다.

2000년대 초반 주로 '애스크퓨처(askfuture)닷컴'의 공개 환경을 통해 학습자들과 동호인들의 안목을 높인 이래 중반에는 명리의 3대 고서를 단독으로 주해한 텍스트가 연이어 발간됐습니다. 당시까지의 눈부신 고전들을 뛰어넘는 신경지의 체용 분화 프레임과 응용법이 각종 저술과 교육을 통해 주로 문하사사과정을 통해 전수된 바 있습니다.

비교적 근래에 속하는 후반기에는 수십 권에 달하는 다작을 발표하며 방대하고 난해한 팔자명리 세계의 온고지신과 융회관통의 유기적인 계통을 수립합니다. '공망비약'이나 '팔자허자론' 등과 같은 저술을 통해 명리 고법의 재해석이 가해졌고, 나아가 합생합작합반의 물상응용법수를 다룬 '레드북'이나 '줄라지컬 훼이털리즘' 등의 독창적 접근법을 통해 독보적 지위를 확보했습니다. 이때 문하들의 해설서가 병행 출판되면서 팔자명리의 부흥기를 이끌어갑니다.

2011년 올해 들어 이수 스승은 팔자명학의 신법 시대를 종결짓고, 새로운 우리의 운명 이론체계인 오자술, '이표신기'의 세계로 개변을 시도하고 세상에 보급할 결정을 내렸습니다. '팔자술종결'은 글자 그대로 팔자술 시대의 종막과 새로운 술기의 탄생을 예고하는 의미를 갖습니다. 팔자명리의 귀결이 나는 시점에서 주로 다루는 내용은 팔자 기학의 기본적 응용 수법이 되는 갑자 포태술입니다. 이로써 정명의 가치 논리에 충실했던 '이수명리'의 팔자 시대는 막을 내릴 것입니다. 향후 본격적인 위용을 드러낼 오자술의 세계는 이전과 달리 물상의 대체와 방편에 좀 더 무게를 실어줄 전망입니다.

지금까지 학회는 '이수명리'의 학술을 공개적인 가상의 웹 환경을 통해 거의 무제한으로 방출해왔습니다. 이와 병행하여 소수 정예화 된 문하사사과정이 1회부터 33회로 이어져왔습니다. 이번의 종결과정은 이전과 달리 보급형의 간략하면서도 치밀한 통신강의록 형태를 기획해보았습니다. 강의 본문의 내용은 얼핏 쉽고 이해하기가 용이합니다만 교만을 부리지 말고 반복해서 사유하고 청취하면 창의력의 증진을 기하게 될 것입니다.

참고로 학회는 십여 년 전 운세포털사이트 '애스크퓨처(askfuture)닷컴' 이후 현재의 '타이밍캐처(timingcatcher)'에 이르기까지 새로운 환경에 적합한 역학 콘텐츠 및 응용 툴을 항상 선도적으로 개발해왔습니다. 최근에는 사주팔자를 세우는 만세력 프로그램이 아이폰 용 애플리케이션으로 공개됐습니다. 아이폰, 아이패드 및 아이팟을 사용하는 동호인들은 앱스토어(App Store)에서 LEESOO의 이수 영문 표기나 '이수만세력', '육십갑자인간학', 또는 '타이밍캐처(Timingcatcher)' 등의 검색으로 해당 소프트웨어를 무료로 다운받을 수 있습니다. 프로술사가 아닌 학습 경력이 일천한 초급자들 또한 사주 명식의 일주를 위주로 명리에 관심을 가져보면 유익한 정보와 안위를 구할 수 있을 것입니다.

동호인들의 건승을 기원하며.

이수명리학회장 민표 인선준 識

凡例

이 책은 이수 스승이 팔자 간명 실제 현장에서 육십갑자를 즉각 응용하여 추리하는 비결의 강설 내용을 그대로 편집한 것입니다. 갑자의 순서대로 설명된 내용을 반복해서 숙독하면 팔자술 첨단기의 놀라운 실전 테크닉을 자연스레 체득할 수 있습니다.

'팔자술종결'은 종래 일원과 월지의 체용 분화로부터 전개되는 팔자 명리의 이법 이론 틀에서 탈피하여 일주를 체로 삼아 실기의 효용성을 극대화한 방식을 취합니다. 일주는 다시 일원과 일지로 역순의 체용 세분이 일어나는데 이때 명리의 기학 체계인 포태론을 주안으로 타자와의 관계를 물상 전반으로 확대해 해석하는 기법을 적용합니다. 지금까지 포태

분야의 이론 체계가 빈약하고 분분하여, 그동안 바르게 정제된 실전 기법이 공개된 바가 없습니다.

종래로 포태술은 일본의 미키쇼잔이 약술한 운성봉법의 빈약한 설명을 그대로 카피하거나, 디시플린이 결여된 오행포태와 음포태의 무분별한 응용으로 계통이 선 이론 체계를 수립하지 못했습니다. 까닭에 팔자명리의 기학 체계는 오행 생극의 이법 체계에 밀려 제자리를 찾지 못하는 결과를 초래했습니다. 더욱이 팔자 세력의 강약을 판별하는 이법 논리의 분야에서조차 십이운의 왕쇠를 섞어 쓰는 왜곡된 현상이 계속 나타나고 있습니다. 이상은 사계의 대가들조차 명리 이기통설의 분간을 명확하게 논단하지 못한 실상에서 연유된 것입니다. 강의록을 통해 포태 이론의 앞뒤가 들어맞고 체계가 서는 갈피를 잡기 바랍니다.

강술 본문의 내용은 주로 팔자명리 기학 체계인 포태 운용법에 주안을 두었으므로 격의 고저나 귀천을 살피는 오행 생극의 이법 체계는 특별히 다루지 않고 있습니다. 결론적으로 본문의 내용은 내방객이 궁금해 하는 사안을 스스로 구술하기 이전에 술사가 먼저 상대의 운명 급소가 되는 점을 간추려 짚어내는 데 초점을 맞추고 있습니다.

포태술은 '봉법과 인종, 좌법, 거법' 등의 4가지 수법이 자연스럽게 선후로 조화되어 설명됩니다. 이때 봉법은 일주를 체신으로 삼는 관법이 되고, 이외 인종이나 좌법은 일원을 체로 일지를 용으로 구분하는 역순의 체용 분화가 적용됩니다. 바로 이점이 '팔자술종결'에서 집중적으로 다뤄지는 남다른 논리체계로 볼 수 있는데, 아마도 강의 내용을 반복해서 듣다보면 자연스럽게 포태술의 운용법을 체득할 수 있을 것이라 여겨집니다. 갑자 별 강의 내용의 요소요소에는 포태술에 대한 팁이 조금씩 녹아있습니다. 또 육갑의 각 일주는 장점과 단점이 각각 녹아있습니다. 이중 치명적인 결과를 야기하는 흉조의 물상 대체, occult practices(오컬트 프랙티시즈)의 이해와 실행 방편은 향후 공개될 이수 스승의 1-day 세미나와 같은 인텐시브 특강에서 확실하고 구체적인 전수받을 수 있을 것으로 판단됩니다.

지금부터 '팔자술종결(바쯔 터미네이션)'의 핵심을 이루는 포태 개론을 살펴보겠습니다.

먼저 이전의 일원과 월지로부터 분화되는 체용 구분이 아닌 일주 위주의 체용분화에 대해 설명합니다. 예컨대 정축일주의 여명이라면 이 사람은 종교인이거나 무속인일 가능성이 있습니다. 또 지병으로 고생하거나 독신이 될 공산이 큽니다. 이때는 정축이라는 육갑 자체를 체로 보는 것입니다. 그런데 정축일생의 여자가 모두 종교인이거나 이혼녀에 속할 수는 없습니다. 대개 이 사람의 남편이 의약업계나 군경 계통, 종교인 등의 업과 인연이 있으면 속가에서 부귀한 상명의 팔자에 속하는 경우가 꽤 많습니다. 이때는 정화의 일원이 체가 되고, 축중의 계수, 관성이 용이 되는 체용의 역순 분화가 적용되는 것입니다.

이상은 모두 포태의 물상에서 응용되는 추리 기법에서 비롯됩니다. 첫째 정축은 운성으로 묘에 속합니다. 이것은 정화 일간을 주체로 축에 해당되는 포태를 말한 것으로 운성 봉법이라 할 수 있습니다. 원래 병화는 축에서 양지에 놓이지만 정화는 묘지에 놓입니다. 다시 말해 봉법은 음포태를 기준으로 운용하는 것이지, 양포태 즉 오행포태를 쓰지 않습니다. 다음으로 축중의 계수는 관성에 속하는데 이 계수는 축에서 계수, 관대지에 놓입니다. 관대는 의관을 갖추었다는 뜻으로 신살로 전환하면 월살에 속합니다. 월살은 공직이나 활인 계통이 아니면 거개 종교 물상과 연관이 깊습니다. 엄밀히 따져 이 사람의 계수 관성은 봉법으로 화개와 좌법의 월살 두 가지 물상을 다 갖추었습니다. 그렇다면 정축일생의 여명은 신앙과 떼놓을 수 없는 사람이 됩니다. 보통 이런 식의 추리를 '이수명리'에서는 포태물상의 융회 관법 내지 '운성매트릭스'로 표현합니다. 정리해서 정축일생의 여명을 신앙인이라고 규정할 때는 일주를 체신으로 보는 것이고, 정축일생의 남편이 신앙인이라고 보는 경우에는 정화 일원을 체신으로 구분하는 것입니다.

이상으로 운성의 봉법과 좌법의 일면에 대해 알아보았습니다. 여기서 축중 계수, 관성의 동태에 대한 사유를 이어갑니다. 가령 정축일생의 여명 남편이 의사라고 가정해봅시다. 그렇다면 현대사회에서 중산층의 부인일 확률이 높습니다. 하지만 이 사람의 직업이 종교인이나 무속인이라고 가정해봅시다. 이 때는 대개 보통의 우여곡절을 겪지 않은 자가 드물 것입니다. 하지만 이러한 가정만으로 팔자의 격국 고저를 논할 수는 없습니다. 예나 지금이나 속가의 빈부귀천은 보통 재물의 소유와 돈이 갖는 권력의 속성으로 판단됩니다. 전자나 후자 모두 귀부인일 수도 있고 천박한 여편네일 경우도 있습니다. 본질적으로 팔자의 격국은 오행 생극의 이법과 십성의 쇠왕 기론을 다 같이 고려하는 법식이 바탕 돼야 합니다. 이를테면 정축일생이 임신월에 태어났다는 조건을 임시로 내세워봅니다. 이 사람의 남편 임수는 신금에서 장생을 얻었습니다. 이처럼 천간의 육친성을 기준으로 동주의 지지 포태를 살피는 방식은 운성 거법입니다. 이때의 남편은 십중팔구 총기와 지성을 갖춘 위인으로 단체나 조직 내에서 출세할 확률이 높습니다. 이른바 재관격으로 부덕, 즉 남편의 덕을 보는 상격의 유형이 많을 것입니다. 따라서 육친의 동태를 살필 때 팔자 전체에서 투간한 글자의 육친성은 거법을 위주로 합니다. 그렇다고 해서 축중 계수가 무의미해지는 게 아닙니다. 이 사람의 남편이 세상에서 존경받는 공직자나 의사라고 해도 일탈은 거의 피하기 어려운 요소가 됩니다. 혹은 나이가 들수록 남편보다 신앙을 배우자로 삼는 상궤 이탈의 경향이 짙어지기 마련입니다. 이 또한 포태물상의 융회로 볼 수 있습니다.

그렇다면 어떤 접근방법으로 팔자술 실전에서 술사가 내객의 실상과 가장 부합되는 급소에 일침을 가할 수 있을 까요? 방문객의 상이나 옷차림을 살펴 '신수가 훤한지, 고생길이 열렸는지' 둘 중 하나를 택해 소위 감으로 찍기를 할 건가요. 아니면 남편이 뭐하는 분인지 먼저 물어보기라도 하는 게 안전한 방식일까요. 혹은 턱없는 내정법이라도 구사해서 스스로 확신가지 않는 어설픈 추리하도 할 요량입니까. 팔자명리는 이렇게 시시한 게 아닙니다. 한마디로 역술인들치고 명리 공부 안 해본 위인들은 찾기 어려울 겁니다. 소의 털 숫자만큼이나 쌔고 뺐지만 제대로 명리를 구사하는 자는 기린의 뿔처럼 찾기가 어렵습니다. 명리 외에 특기 하나 더 갖추었다는 부류들은 거개 다 껍데기에 불과한 이유가 있습니다. 명리가 안 되기 때문에 한계에 봉착한 인사들이 육효나 육임, 기문 같은 삼식을 운용하는 겁니다. '명리와 관상을 겸한다'거나 '명리와 풍수가 다르다'는 식의 이런 얘기는 실로 우스운 겁니다. 또 '학과 영으로 본다'는 식의 언설은 스스로 부끄러움을 모르는 무지의 소치라 아니할 수가 없는 겁니다. 차라리 "명리는 아예 모르고 '영이면 영, 감이면 감, 상이면 상, 점이면 점' 이런 걸로 한번 상담해드릴게요"라고 겸손하게 말하는 게 낫습니다. 엄밀히 명리는 일반적 상담 치유 이상의 가치를 품고 있습니다. "당신은 품은 이상이 높지만 현실에서 종종 장애에 부딪혀 고민한다"라거나 혹은 "먹고 살만하지만 남들이 모르는 고독함과 우울함이 깊다"는 식의 현대인 누구에게나 적용되는 심리 상담의 서두를 여는 행태와는 차원이 다른 세상이 명리입니다. 간단히 말해 명리는 상대를 볼 필요가 없습니다. 생년월일시의 정보만 얻으면 시공을 초월해서 필살기를 쓸 수 있습니다. 다분히 속가의 빈부귀천을 주 내용으로 다루지만 예측 추리의 운용 기법은 형이상학의 절정이라 해서 과언이 아닐 겁니다. 어쨌든 팔자술의 가장 간단한 비술은 포태법입니다. '팔자술종결'은 바로 이점에 주안을 둔 것입니다. 그래서 이 법의 체용 관법은 다루지 않습니다. 이미 이전에 충분히 다뤘던 주제이기도 하려니와 현상의 규명 측면에서 포태술이 우월하기 때문입니다. 포태는 다른 말로 곧 신살이라 할 수 있습니다. 신살론이 명리의 정통에서 벗어난다고 생각하거나 말하는 학습자들은 아직 모르는 게 많아서 그런 겁니다.

명리가는 정축일생의 여명을 두고 여러 가지 실제적 현상을 자신 있게 말할 수 있습니다. "당신은 과부다", "당신은 원인모를 병을 앓고 극심한 통증을 지녔다", "남편과 이혼하기를 꿈꾸고 이미 불륜을

수차 저질렀다” 등 각각의 경우를 오차 없이 찍어 낼 수 있습니다. 이런 건 다 발심을 일으켜 초학자라도 해도 딱 삼 개월만 야무지게 학습하면 되는 얘깁니다. 이 강의는 일주의 포태를 위주로 명리의 한 분야를 논하는 것이므로 변통의 제한된 측면이 분명 있을 겁니다. 하지만 육십갑자 전체의 포태를 다 설명하기 때문에 팔자 전체를 보는 안목으로 숙달되면 무궁무진한 재료로 활용될 수가 있습니다. 비단 정축에 한정되지 않고 타주의 포태를 다 같이 고려하면 비약적 추리가 끝없이 이어집니다. 이것이 곧 강호 술사들의 고단수라 할 수 있습니다.

자, 이제 실전에서 당신이 직접 정축일생의 여명을 상대한 경우를 상정합니다. 1초의 여유도 주지 말고 바로 “남편 자리가 문제다”라고 말하는 겁니다. 왜냐. 운성 봉법으로 남편은 입묘지에 들었기 때문입니다. 봉법을 베이식으로 좌법을 살피면 관성 계수는 관대 물상입니다. 이 둘의 물상을 결합하면 정축일생의 남편은 수의를 입고 묘지에 누운 형상이 됩니다. 그러면 곧 ‘과부’와 같은 식의 속단은 금물입니다. 최소한 원만한 부부 생활이 될 수가 없다는 점에 착안하면 답이 나옵니다. 일단 성적 교감이 잘 안 됩니다. 남편이 가운을 입은 의사나 법복을 입은 판사나 제복을 입은 고위 관료라고 해도 부부 사이는 고적하고 떨어져 지내기 마련입니다. 만일 팔자에 정화 일간의 부성이 되는 수성의 고지가 되는 진토라도 한 글자 있다고 칩시다. 그러면 이 사람은 남편이 이미 저 세상으로 간 경우가 허다합니다. 더해서 임진이나 계사와 같은 거법의 동주입묘의 현상을 보게 된다면 남편은 이미 불귀객이 됐다고 보는 겁니다. 부성입묘가 바로 이런 경우를 말합니다.

조금 어려운 내용일 수도 있는데 '자평진전리뷰'에는 팔자의 대운을 체신의 범주로 놓는 체용 분화의 새로운 경지를 설명한 바 있습니다. 포태에는 대운이 체가 되는 경우가 없습니다. 정축일생이 진운을 만나면 이 시기에 남편과 생사별이 거의 불가합니다. 그러니까 정축일생은 한마디로 "가정에서 행복함을 느낄 수 없다"가 답입니다. 정축 하나의 갑자만 가지고 좀 더 살펴봅시다. 축중 신금은 재물입니다. 신금은 축토에서 양지에 놓입니다. 양지는 천살로 상속성입니다. 이 사람은 유산으로 받은 돈이 있습니다. 토 축토는 금, 재신의 고지입니다. 재고를 깔고 앉은 것입니다. 반드시 저축한 돈이 있습니다. 가정은 적막하고 돈복은 있다는 얘기가 됩니다. 방금 재신의 고지를 말했는데 입고설에서는 오행포태가 우선 적용됩니다. 축토는 팔자에 투간한 경금과 신금을 막론하고 형충운에 재가 입고되는 현상을 겪게 되는 겁니다. 어쨌거나 재고는 좋은 겁니다. 그래서 재고귀인이라고 하지 않습니까. 일반적으로 '관고는 별리요, 재고는 부귀'로 보면 얼추 맞아 들어갑니다.

하나 더 '이수명리'에는 물상 대체, 편저블이라는 방편의 개념이 있습니다. 만일 정축일생의 여자가 의사나 간호사 혹은 활인 계통에 종사하는 직업을 가졌다면 결혼이 잘 성립되지 않습니다. 이미 관성 관대의 물상이 채워졌기 때문입니다. 반면 전업주부라면 관대 물상을 한 남편이 있습니다. 혹 주변에는 유독 종교인을 연인처럼 따르는 여인들이 있습니다. 이런 부류들은 대개 팔자의 관성이 관대 물상에 속한 까닭입니다.

이제 끝으로 운성 인종에 대해 설명하겠습니다. 정축일생의 여명에서 정화를 체신으로 삼고, 일지를 용신으로 역순의 체용 분화를 했을 때 축토에는 계신기라는 관성과 재성, 식신의 삼자가 있습니다. 이처럼 장간에 있는 육친성은 모두 봉법을 근거로 삼아 좌법을 혼용해서 물상을 추리하면 됩니다. 이때 인수와 비화가 되는 성분은 없습니다. 이처럼 일주포태론에서 일지의 장간에 없는 육친성은 일지에 인종해서 현상을 살피는 것입니다. 인종은 음포태를 적용하는 법이 없습니다. 오행포태, 즉 양포태를 운용합니다. 그러니까 인수는 갑목을 기준으로 비겁은 병화를 기준으로 해서 축토에 인종해서 포태를 보는 겁니다. 축토에서 갑목은 관대지요, 병화는 양지에 놓입니다. 이 사람의 어머니는 장년에 이를 때까지 영향력이 있다고 보는 겁니다. 그리고 신앙에 충실한 분으로 보면 거의 틀림없습니다. 형제들은 모두 부모의 유산을 나눠 갖고 대개 낙천적인 성향을 가졌다고 보는 식입니다. 운성의 인종법은 좌법과 달리 봉법을 베이식으로 하는 매트릭스 관법을 쓰지 않습니다.

그런데 엄밀히 부모형제의 성쇠나 동태는 월지에 인종하는 게 정법입니다. 그러니까 운성봉법에 따라 월지의 포태를 보고 월지 장간의 좌법이나 장간에 해당되는 육친성이 없으면 월지에 인종해서 성장기의 가정환경을 추리하는 것입니다. 자식의 동태는 응당 시지에 인종하거나 시지 장간의 좌법을 적용해 자식의 귀천을 추리합니다. 이들 육친성을 일지에 인종할 때는 결혼을 하고 나서 독립한 장년기에 육친 동태를 파악할 때 참작하는 식이지요. 이를테면 정축일생이 인시에 났다고 칩시다. 축중의 기토 식신은 입묘지에 놓이므로 자녀를 양육할 때 뜻과 같지 않아 고민할 경우가 많습니다. 또 난산이나 유산 등으로 인해 먼저 세상으로 보낸 자식을 두기도 하지요. 하지만 자식이 성장하면 인목에서 무토는 장생하는 이치로 인해 귀자로 출세할 가능성이 한층 높아집니다. 이때도 봉법이 기초가 됩니다. 인목은 정화의 사지인 까닭에 자녀가 학술이나 기예 방면에서 성공하는 것으로 보면 거의 틀림이 없습니다.

좀 복잡한 얘기가 될 수도 있겠는데, 포태법에는 근묘화실과 원형이정의 두 가지 추리 개념이 존재합니다. 가령 여명의 자식, 식신에 해당하는 육신을 일지에 인종하거나 좌법을 적용할 때 일지에서는 성장기의 동태를 살피는 것이고, 시지에서는 성장한 자식의 현상을 말하게 됩니다. 이처럼 원형이정론은 해당 육친의 변화와 연관됩니다만, 술사가 자녀궁의 정체성을 규명하고 논단할 때는 근묘화실론에 입각해서 응당 시지를 위주로 보는 것입니다.

정리해보겠습니다. 일간을 주체로 각 지지의 포태를 정하는 게 봉법입니다. 이것은 음포태를 적용합니다. 음포태란 양간은 양간대로, 음간은 음간대로 음생양사의 법리에 따라 포태를 정하는 것을 말합니다. 그리고 이 봉법은 물상을 읽는 기본 베이스가 되는 겁니다. 좌법은 지지의 속한 장간의 육친성을 해당 지지에 대입해서 포태를 적용하는 음포태의 수법을 뜻합니다. 인종은 좌법과 달리 지지에 해당 육친성이 없을 때 오행포태를 적용하는 수법을 말합니다. 그러니까 포태의 선후 구분은 '봉법, 좌법, 인종' 순으로 구분할 수 있고 이를 겸간, 즉 매트릭스하면 되는 겁니다. 심효첨이나 서락오 이후의 근래 대가들이 한결같이 모호하거나 어중간하게 언급했던 운성론은 죄다 포태술 운용의 원칙을 정하지 못해서 나타난 현상으로 볼 수 있습니다. 결과적으로 명리의 기학 체계를 도외시한 셈이 됐는데 신살론에 대한 깊은 사유가 결여된 것입니다. 고법에 대한 온고가 충실했다고 보기 어려운 대목이지요. 그래서 현재까지도 오직 오행 생극의 이법으로만 접근하는 명리가 정통이라는 사상을 가진 인사들이 대부분이라고 보면 맞습니다.

거법은 동주의 포태를 살피는 것으로 '팔자술필살기'에 언급된 동주사나 동주입묘 같은 음포태를 말합니다. 여기에는 포태의 융회 관법을 적용하지 않으므로 봉법과는 별개의 단독 논리가 성립됩니다.

거법은 반드시 천간의 글자를 체로 삼아 해당 주의 포태를 적용하는 것으로 육친궁의 급격한 변화와 연관이 깊습니다. 이때의 체란 '용의 체'로 일원의 체신과는 구분되는 체용 구분 단계입니다. 예컨대 정축일생의 여명이 임인월에 났다면 이 사람의 남편 임수는 인목 병지에 놓여 역마가 구성됩니다. 활동력이 왕성한 사람으로 수완가로 보기 쉬운데 사운과 같은 절지운과 형이 성립되면 부부의 절연이 나타날 가능성이 높아집니다. 일단 남편이 불운에 놓이기 쉽지요. 반면 같은 형이라도 신운을 만나면 장생과 역마가 충돌하여 충기 내지 충발이 되어 발전할 때가 많습니다. 그래서 형충과 같은 운의 현상을 읽어낼 때는 포태 물상이 절대적인 통변 재료가 되는 것입니다. 막연히 지지 형충의 현상을 오행 생극의 부조화라는 이법의 잣대로 흉사를 판단하는 아마추어 관법은 이제 탈피해야지요.

한편 임수는 묘에서 사지에 놓입니다. 가령 정유일생의 여명에서 팔자에 임계의 관성이 투하지 않은 상태로 묘운을 만난다면, 임수 남편은 욕사의 충격 물상에 떨어집니다. 급작스런 사고로 인한 수술수와 염습의 물상을 떠올릴만한 흉포한 운기를 암시하는 셈이지요. 이것은 운성 인종의 포태 물상으로 거법과는 또 다른 내용인데 팔자 술기의 꽤나 높은 차원에 속합니다. '이수명리'가 정의하는 '운성콤플렉스'가 이런 경우에 해당하는 표현입니다. '운성매트릭스'와 '운성콤플렉스'의 차이를 아시겠습니까. 읽고, 듣기를 반복해서 이해하고 숙달하기를 바랍니다.

이상의 네 가지 운성 활용법에 대한 인식만 확고하면 팔자술 실전에서 위력적인 변통을 할 수 있습니다. 물론 숙달과 반복이 돼야지요. 먼저 육갑의 각 포태 물상에 대해 익숙하게 통달할 필요가 있습니다. 초학자들에게는 가벼운 일주론으로 인식될 수도 있겠지만 각자의 수준과 능력에 따라 습득과 활용의 차원은 많이 달라지겠지요.

끝으로 본문의 강술에 앞서 각 육갑에는 각각의 길흉 양면이 존재합니다. '이수명리'는 종래 팔자명리의 정명 관점에서 진전된 효율적이고 이성적인 방편과 치유의 관념을 '오자술'에서 본격적으로 적용하고 있습니다. 각 갑자의 설명 끝 대목에는 각 육십갑자의 방편 개념인 '오컬트 프랙티시즈(occult practices)'를 언급하고 있는데 향후 오자술의 학습 전개를 앞두고 다만 표기한 것에 불과하므로 크게 괘념치 않아도 일단은 무방합니다.

一講

▸ 지금부터 '팔자술종결(바쯔 터미네이션)'의 본문 내용을 강술하겠습니다. 먼저 갑자 순의 열 개 육갑은 주로 일주에만 포커스를 두어 '운성매트릭스'의 일반론적 설명을 이어갑니다.

1. 갑자浴

갑자일생은 인수 욕지로 먼저 모친궁의 동태가 주가 됩니다. 이 사람의 모친이 생존하고 있다면 필시 가족과의 불화 요인이 됩니다. 어머니가 배우자궁에 있으니 같이 산다는 뜻과 같은데 포태 좌법으로 임수 인수는 왕지에 속합니다. 이때 처가 되는 병화는 자수에서 태지가 되므로 재살은 장성을 치게 되지요. 이 말의 의미가 잘 와 닿지 않으면 십이신살에 대한 기초 학습이 필요합니다. 교재로는 오자술 기초가 되는 '십이운수' 책이 좋습니다. 어쨌거나 남자는 처와 어머니의 불화로 마음고생을 하게 됩니다. 여자의 경우 재는 시모가 됩니다. 그래서 친정과 시모의 관계가 좋지 않습니다. 갑자는 나무와 물의 관계입니다. 물이 차가우면 나무를 잘 생육할 수가 없습니다. 그래서 팔자에 신이나 자, 축 등이 겹치면 여명은 출산이 어렵고 수족이 차가우며 자궁에 병이 납니다. 또 갑자는 일주의 도화로 나체도화에 속합니다. 물이 차가우면 보통 갑자일생은 하격이 되는데 남자는 건달 백수요, 여자는 화류유곽에 팔리는 신세로 전락할 때가 있습니다. 그러니까 물이 따뜻해야 하는데 이것을 학술적 용어로는 청하다고 표현합니다. 갑자일생은 인목이나 병화를 봐야만 격이 우수해집니다. 격이 뛰어나면 교육자로 대성하게 됩니다. 간단히 말해 '어머니나 배우자 문제로 고충을 겪는다'고 말하면 십중팔구 통합니다.

▶ **occult practices : 수목樹木**

2. 을축乙丑

한마디로 을축일생은 종래 부자가 됩니다. 축토는 재고이기 때문에 재물을 깔고 앉아있는 상이 되는 겁니다. 굳이 물형에 비유하면 연꽃의 상입니다. 그런데 연꽃이 진흙에서 피었잖습니까. 고생을 어지간히 한 겁니다. 어떤 곡절이 있냐. 첫째 몸이 아픕니다. 반안지에 놓였으니 재산은 모았지만 몸이 아픕니다. 또 배우자도 아픕니다. 여명은 자좌관고입니다. 자좌관고란 부성이 입묘됐다는 뜻이지요. 축토는 금의 고지 아닙니까. 이렇게 입묘설을 논할 때는 음양간을 구분하지 않는 오행포태를 적용한답니다.

그러니까 남편과는 생리사별을 하지 않을 수가 없습니다. 그리고 신금 부성은 양지에 좌합니다. 앞에서 입묘설을 논할 때는 오행포태를 말했는데 갑자기 신금 양지의 음포태를 거론하니까 좀 헛갈릴 수도 있겠지요. 다시 말해 입고설은 입고설이고, 좌법은 좌법 그대로 적용해서 남편의 신상 동태를 살피는 것입니다. 그러니까 내가 남편을 부양한다는 의미가 있습니다. 다른 경우로는 내 직업이나 남편의 직업이 의약업계에 종사할 때가 많습니다. 이 사람의 재물은 기토가 화개에 자리 잡았습니다. 포태술에 봉법이 베이식이 된다고 했지요. 그렇다면 이 사람의 재는 반안이자 부차적으로 화개가 되는 겁니다. 반안은 안정된 환경을 뜻하고 화개는 순수 자력으로 모은 저축을 말합니다. 구두쇠를 암시하지요. 돈은 착실히 모읍니다. 끝으로 축에서는 인수 계수가 관대지에 놓입니다. 월살은 종교성이지요. 그래서 이 사람은 신앙이나 오컬트 같은 신비로운 사상세계에 관심이 있습니다. 하지만 주는 역시 재물의 축적에 관심을 두는 사람이니까 순수한 의미의 종교인이나 신앙인과는 좀 거리가 있습니다. 하나 더 비술이 될 말한 사안에 대하여 말해볼까요. 이 사람의 아버지 묘소는 필시 물찬 산소일 가능성이 높습니다. 습토에 재가 입고된 까닭이지요. 스승님의 가르침에 의하면 천하의 풍수 대가라도 이를 피해가지 못한다고 합니다. 이장을 해도 세월이 지나면 자연 물이 차게 된다는 얘긴데 풍수의 대가들 치고 자신의 아버지 묘를 두 번 이상 이장하지 않은 경우가 없다는 군요.

▸ **occult practices : 이장移葬**

3. 병인生

병인은 학당입니다. 장생궁 아닙니까. 임신이나 계묘일생이 다 학당귀인이죠. 장생은 누구나 귀여워합니다. 그러니까 배우자의 사랑을 받는 겁니다. 인수 갑목이 건록이니 지성이 걸출하고 활동이 왕성하며 대개 따르는 이성이 적지 않습니다. 무엇보다 좋은 점은 무토 식신이 장생을 얻었다는 겁니다. 의식에는 문제가 없다는 뜻이지요. 하지만 재성 경금은 절지에 놓입니다. 이러한 겁살은 연살과 곧잘 합작되는데 이럴 때 주로 바람을 피웁니다. 식신은 장생, 재성은 절지. 이런 경우의 성정 상 특징은 간단합니다. 자수성가요, 언행일치가 잘 안됩니다. 수완가임에는 틀림없지만 침착성의 결여로 경솔한 점을 후회할 때가 있습니다. 여명의 남편 임수는 병지에 속합니다. 상황이 이러하면 남편이 덕이 있어도 떨어져 사는 경우가 많습니다. 여성의 성격은 좋습니다. 다정다감하고 활동적이지요. 자비심과 동정심이 있지만 다소 이기적인 성향도 있습니다. 이것은 식신이 장생하는 까닭입니다. 물론 자식은 건강하고 온전합니다. 이 사람이 여행을 떠나면 이성의 인연을 맺기 쉽습니다. 이래저래 병인이 홍염인 까닭이 다 이런 연유입니다. 친정어머니는 건재하지만 시어머니와는 인연이 박하겠지요. 인목에서는 관이 역마가 됩니다. 그래서 유학이나 해외와 인연이 깊습니다. 교육자로 진로를 정하면 최적입니다.

▸ occult practices : **원행**遠行

4. 정묘病

인수가 병지인 정묘일생은 중년 이후에도 변함없는 학구열을 암시합니다. 문곡으로 배움을 위해 먼 길을 마다하지 않습니다. 하지만 배우자의 병환이나 이별 둘 중 하나의 상황은 피하기 어렵습니다. 진로는 기대 이상으로 잘 열리지 않습니다. 임수 관성이 사지에 놓이므로 추진력이나 활동력 면에서는 상대적으로 미약한 경향이 있습니다. 일단 묘목에 재성은 재살로 인종되고 인수는 왕지에 좌합니다. 남자는 고부 갈등을 피할 도리가 없습니다. 36금수에 묘목은 고슴도치에 비유되듯 배우자와는 사이가 멀어지는 딜레마가 있습니다. 배우자궁에 묘파성이 들면 좀체 부부 사이의 화락을 기대하기 어렵습니다. 보통 인수의 성분이 혼잡하면 인정이 많아 잘 베풀면서도 이해타산이 분명한 경향이 있습니다. 여성은 자존심이 강합니다. 이것은 인수의 특징입니다. 그리고 미모가 출중하고 멋과 풍류가 넘칩니다. 상관이 욕지에 놓이는 까닭입니다. 재성인 시모는 재살이고, 인수인 친모는 왕지에 놓여 시모와의 관계가 악화되기 쉽습니다. 관이 사지에 놓인 이상 심하면 이혼과 재가하는 수가 있습니다. 정묘생은 자묘형이나 자유파를 중하게 봅니다. 특히 자수는 절지에 속하며 정화를 습하게 하는 까닭으로 불리합니다. 유시에 나면 자식 하나를 잃거나 자녀를 두기 어렵습니다.

▸ **occult practices : 번제燔祭**

5. 무진帶

무진일생은 관대의 물상인데 을목 관성 또한 관대에 속하여 종교성의 업상과 몹시 유관합니다. 다만 재고를 깔고 앉아 재물에 대한 실리와 집착을 벗어날 수는 없습니다. 또 이점은 모친에 비해 부친과의 인연이 박함을 암시하기도 합니다. 특히 진중의 계수는 무토와 암합하여 간여지동의 유형 가운데서도 부부와의 화합이나 손재, 배신 등의 흉조를 피해갈 수 없습니다. 입고설을 염두에 둔다면 기문의 구성에서 연유된 백호는 굳이 팔자명리에서 거론할 필요가 없는데 무진의 중궁은 양간의 비견이 재를 탈취하는 양상에서 부부궁의 불리함을 강조할 수 있습니다. 이 사람은 주체관념과 인내심이 강하며 성실함과 신용을 보증하는 유형에 속하지만 무진은 태산 아래 진흙과 같은 물형으로 근심과 비밀, 원망의 기운이 서려 때때로 근심과 비밀, 원망 섞인 노기를 드러냅니다. 까닭에 오랜 고통과 시련으로 다져져야만 탄탄한 건축물을 올리는 결과물을 나타냅니다. 보통 암합된 재는 형충으로 충격해야만 재가 노출되는 양상을 보일 때가 많습니다. 남자의 처궁은 관대 양지의 물상으로 요양이 필요한 경우가 많으며 남녀 공히 고지의 흉조는 신앙으로 극복함이 가하다고 했습니다.

▸ **occult practices : 관대冠帶**

6. 기사旺

기사일생은 항시 분주다망하며 행동력이 강합니다. 36금수에 기토는 게에 별러 횡행사해라 했고, 또 상관이 장생을 얻은 까닭입니다. 음인으로 내심 여러 가지 생각을 재고 있을뿐더러 정관이 역마에 놓이니 한 곳에서 머물 수가 없는 것이죠. 인수와 겁재가 록왕으로 고집이 태강하며 독선적인 기질이 농후합니다. 백절불굴의 근기가 있습니다만 재물 임수는 절지에 놓입니다. 모친과의 인연이 깊고 부친과는 연이 박한 편입니다. 처궁이 장생으로 대개 좋은 연분을 맺지만 종내 처와의 인연은 십중팔구 바뀐다고 보면 틀림없습니다. 그러나 겁살이 반안과 합작하면 크게 발전하므로 조화가 비상한 것입니다. 팔자에 기사, 을미, 을사가 일시에 놓이면 이를 신병이라 해서 움직이지 않으면 몸이 아픕니다. 여명은 여행지에서 인연을 만날 확률이 높습니다. 정관이 역마면 '혼담이 백 리 밖'이라는 속언이 있을 정도니까요. 신금의 상관 형은 욕패에 속하고, 인목의 정관 형은 사지에 놓이므로 이 사람의 삼형은 여러모로 불리한 형세에 놓이기 쉽습니다. 그러나 어지간히 어려운 경우에 처해도 건전한 인수의 조력으로 하늘이 돕고 신령이 돕는 구제가 있습니다.

▸ **occult practices : 주물鑄物**

7. 경오浴

경오일생은 공직으로 성공하거나 보통의 직장 생활에 적합한 유형입니다. 정관의 도화 물상은 일정한 패턴을 반복하는 경향이 있지요. 더해서 기토 인수가 록지에 좌하여 사물의 처리가 분명하여 사업보다는 조직 생활이 유리한 편입니다. 다만 조토는 생금이 미약하므로 학문에는 중단수가 따르기 쉽습니다. 가만 살피면 오중에는 칠살이 왕지를 얻었습니다. 칠살도화는 일탈의 성향이 있습니다. 그래서 사고방식이 건전하고 외견은 진실한 것 같으면서도 내면은 알 수 없는 유형일 때가 많습니다. 또한 가정에서 처권이 강하거나 처로 인한 고통이 따른다고 봐야 합니다. 처궁은 욕사에 해당하여 처덕을 기대하기 어렵고 사치나 허영 등의 부작용이 나타나기 쉽습니다. 팔자에 인목 재가 오화와 합작하면 타인의 재물을 관리하거나 운용하는 경우가 많습니다. 여명은 용모가 수려한 배우자와 인연을 맺으며 대개 부덕이 있습니다. 부부가 공히 화려하게 꾸미기를 좋아하고 개방적이며 외향적인 편입니다. 다만 욕패궁의 관살 혼잡은 다른 이성과의 관계를 암시하기도 합니다. 자년에는 욕사의 충으로 배필의 우환이나 명예에 손상이 오기 쉽습니다.

▸ **occult practices : 수도修道**

8. 신미衰

신미일생은 재관인 삼자가 반안에 든 격입니다. 지혜와 눈치가 비상하고 어떤 일이든 능수능란하게 처리합니다. 기본적으로 의식이 유여하고 재복이 있습니다. 보통 고지에 재인이 같이 들면 탐재괴인하는 형세로 신앙이나 학업에 뜻을 두어도 오래 지속

되지 않는 경향이 있습니다. 인정도 많고 욕심도 많습니다. 이 사람의 재는 양지에 놓이나 미토 현침에 놓여 처는 잔병이나 질병으로 인한 고통을 겪기 쉽습니다. 고부간의 갈등이 있는데 둘 중 하나는 아픈 경우로 대체될 때가 많습니다. 인수 월살은 어질고 착한 성정을 암시하지만 기본적으로 관대는 덜 여문 운기의 상태로 성숙한 인격의 소유자로 보기는 어렵습니다. 이 사람은 주거나 직업 환경 등에 변화가 많습니다. 이는 다 미토의 천역으로 낭떠러지를 옮겨 다니는 양의 물상을 떠올리면 이해하기가 용이합니다. 여명은 관고로 이성을 고르는 기준은 높지만 실제는 기대치 이하일 경우가 많고 재관동림으로 혼전득자의 가능성이 있습니다. 자좌관고의 유형은 남편이 의약계나 군경계, 종교계 등에 봉직해야만 부부궁이 무탈합니다. 진토의 묘운을 만나면 상부재가하는 수가 있고 여연으로 외도의 우려가 있습니다.

▸ **occult practices : 사찰寺刹**

9. 임신生

임신일생은 한마디로 박학다식한 사람입니다. 학당은 학문을 즐겨하고 교육 계통으로의 진출을 돕는 길성이니까요. 그런데 재관은 병지에 놓이니까 부부의 인연은 비교적 평안해도 분주하게 다녀야 하고 보통 재능에 비해 재복이 크게 따르는 명은 아닙니다. 식신 갑목은 절지에 놓이므로 인묘시나 해시가 아니면 출산이 쉽지 않고 가족이 함께 하는 시간이 많지 않습니다. 일지에 인수가 주종을 이루면 대체로 모친과 인연이 깊다고 했지요. 부친이 크게 출세하거나 덕이 깊은 경우는 드뭅니다. 일지에 모성이 생록왕을 얻으면 대개 고부 갈등이 있습니다. 연애 시절부터 모친의 관여가 따르기 마련입니다. 비견 또한 장생을 얻어 인비가 다 왕성한데 상황이 이러하면 자아가 강하고 주로 구류술업 방면에서 두각을 드러냅니다. 사화는 비견의 절지가 되므로 사신형이 들면 파재나 형제궁에 형액을 겪을 우려가 있습니다. 여명의 일주에 칠살이 들면 여연이라 해서 보통 기가 센 남편으로 인한 갈등이 있거나 혹간 따로 애인을 두는 갈등의 소지가 있을 때가 많습니다. 신금은 대역의 고성입니다. 고독한 성분이지요. 남자는 고독한 객지 생활, 여성은 외연이 고상해도 내면의 수심이 따르는 경우가 대부분입니다. 외화내곤이지요.

▸ **occult practices : 비행飛行**

10. 계유病

인수가 병지이자 제왕인 계유일생은 모친의 영향력이 지대한 사람입니다. 어머니의 지나친 간섭이 때로 갈등의 소지가 되기도 하지요. 어쨌거나 이 사람은 깔끔하고 결백한 성정에 미모를 갖춘 경우가 많습니다. 야망은 크지만 재관이 사지로 재운이나 관록은 발하지 않는 편입니다. 식소다번이지요. 그래서 전문 분야를 택해 공부하고 노력하는 게 상책입니다. 유인성은 칼자국을 암시합니다. 그래서 수술수가 있습니다. 묘운에 생병충하면 현침의 수술물상이 나타나기 쉽습니다. 이성운도 박한 편이고 연애가 수월치 않습니다. 대개 배우자의 성정은 다정하지만 병약하고 생사별할 가능성이 있습니다. 야망이 크고 근기가 있어 대성하는 경우가 있는데 이때의 처덕은 대단합니다. 다만 갑인, 무오, 기미시가 아니면 좀체 상격이 될 가능성이 희박해집니다. 하격은 처에 의지하며 사는 백수 기질이 나타나며 변덕과 변화가 많은 인생이 펼쳐질 공산이 큽니다. 여명은 남편에게 순종하는 기질이 아닙니다. 또 난산의 우려가 있고 육친의 덕은 전반적으로 박한 편입니다. 결론적으로 계유일생은 식재관이 다 무력합니다. 오직 자신의 재치와 수완으로 장래를 개척해나가는 게 상책입니다.

▸ **occult practices : 산행山行**

二講

▸ 앞의 갑자 순에 이어 갑술 순은 '일주 대비 시주'와의 관계를 적용한 '거법' 및 '운성콤플렉스'의 일면에 주안을 둔 설명이 이어집니다.

11. 갑술養

갑술일생은 일반적인 사업가의 명으로 나타날 때가 많습니다. 무엇보다 재고를 깔았고 또 상관 정화가 이를 생하는 구조이기 때문입니다. 만약 갑술이 아닌 갑진이라면 겁재와 편재가 동림하므로 이때는 투기적인 사업 행태를 보일 때가 많겠지요. 상관은 양지, 천살에 속하므로 태생적으로 종교나 신앙, 신심이 깊음을 암시합니다. 술중의 신금, 관성은 양지이자, 관대의 매트릭스 구조를 띱니다. 이처럼 상관견관의 형태를 띠면 이 사람이 공직에서 물러나 창업하는 수순을 밟는 사례가 많습니다. 혹은 의약업계의 종사자라면 술토의 양지, 물상에 그대로 부합되는바 오래도록 일관된 경력을 유지할 수 있습니다. 결론해서 장점은 이재 능력이 강한 것이고, 단점은 관액이 있다는 얘깁니다. 팔자에 형이 들면 사업을 크게 일으켜 비범한 성취를 보다가도 실패하면 야반도주를 해야 할 지경에 놓이기도 합니다. 파산이 아니면 처궁에 깊은 병이 들고 개종합니다. 한마디로 남자는 자식 문제, 여자는 남편 문제로 고민을 갖게 되는 일주입니다. 갑술일생이 을축시에 났다면 생시 관고를 놓아 남자는 자식, 여자는 남편과의 생사별이 불가할 겁니다. 일시의 술토와 축토는 양지와 관대의 형이 성립됩니다. 이는 종래 사회복지 방면으로의 진로 변화를 암시합니다. 여명에서 자식궁 동태를 살피면 일시 공히 식상이 양지에 놓이는 상황을 파악할 수 있습니다. 타자양육, 육영사업에 특히 힘을 쏟게 됩니다. 여성은 남자를 우습게 보는 경향이 있고, 간혹 과장이나 독설을 할 때가 있습니다. 상관은 재관을 보았기에 아우생아의 형태로 허약한 아이를 두기 쉽습니다. 여기에 형이 들면 관식동림의 혼전임신으로 유산이나 낙태 등의 산액이 두렵습니다.

▸ occult practices : **활인活人**

12. 을해死

천문 해수의 인수 사지에 건록을 얻은 을해일생은 학문과 예술을 즐기며 독창성과 창작력을 겸비합니다. 이 사람은 사물에 대해 예민하고 머리에 번득이는 신묘한 생각이 있습니다. 무토 재는 사절지에 놓이고, 갑목 겁재는 장생을 얻어 행동력과 투기심은 있지만 재복은 부족한 편입니다. 일단 내 집 마련이 쉽지 않습니다. 주로 고향을 떠나 객지 생활을 하며 이민을 가는 경우도 종종 있지요. 관이 역마에 놓이므로 해외와 인연이 있고, 외국과 연관된 직업을 갖는 것입니다. 형제가 발전하고 우애가 있습니다. 보통 부드러운 인상과 다정다감한 성격을 지닌 을해일생은 겉으로는 활기가 넘치지만 속으로는 근심이 있고, 비밀도 많습니다. 모친을 봉양하는 이들이 많습니다. 여명은 공방수가 있습니다. 관성 경금을 해수에 인종하면 사지역마에 놓이는 까닭이지요. 병화 자식은 해수에서 사절지에 놓이므로 자녀 문제로 인한 근심이 있습니다. 고가에는 친정에 가서 초산하지 말라고 했을 정도로 첫 자녀를 잃을 염려가 있습니다. 을해일생이 신사시에 나면 거법으로 관이 사지에 놓인 겁니다. 일시가 충하고 관이 사지에 놓이면 남편이 없다고 보거나, 필시 남편으로 인한 근심이 따를 수로 보면 됩니다. 봉법으로 사해충은 욕사의 충입니다. 시신을 씻긴 뒤 수의를 갈아입히고 염포로 묶는 물상을 떠올릴 정도로 두려운 흉사를 예고합니다. 생시 사화에는 번듯하게 성장한 반듯한 용모의 자식이 있습니다. 생시의 자식궁은 도화와 건록의 매트릭스 구조에 놓이는데 일시의 욕사충으로 인해 아들을 두지 못하거나, 첫 자식을 잃고 난 후 출세하는 자녀를 말하는 것입니다.

▸ **occult practices : 이사移徙**

13. 병자胎

양광이 강호를 비추는 물상인 병자일생은 맑고 고결한 성정을 타고 납니다. 사상이나 의관이 단정한 편인데 관살혼잡이 태지에 놓였으므로 성격 변화가 많이 일어납니다. 종종 목적을 위해 수단과 방법을 가리지 않을 때가 있는데 보통 시작은 좋지만, 결실을 보기는 어렵습니다. 자오묘유와 같은 사패의 글자에서 포태 좌법을 적용할 때는 그 결과를 양간을 기준으로 보게 됩니다. 즉 양포태를 쓴다는 말인데 자중 계수와 임수가 혼재되면 임수를 기준해서 관이 왕지로 귀결됨을 암시합니다. 다시 말해 계수는 태지와 록지에, 임수는 태지와 왕지에 놓였으므로 이 사람의 관은 망신에서 장성으로 변화 과정을 겪게 되는 것이죠. 변화와 교체는 불가피해도 병자일생은 관운이 있습니다. 보통 남자는 직장, 여자는 부덕을 입게 된다는 뜻이죠. 반면 식신과 재성은 태사지에 놓여 재운은 기대에 미치지 못하는 편입니다. 남자는 처궁의 우환이나, 여자는 자식 문제로 근심하기 쉽습니다. 자수에 재는 사지고, 인수는 욕지로 인종됩니다. 이때 자수 관은 인수를 생하고, 재를 설합니다. 이런 경우 십중팔구는 부선망입니다. 결론해서 병자일생은 음양이자 음양차착입니다. 용모가 아름답고 이성의 유혹을 받기 쉽습니다. 남명에서 재는 재살과 육해에 놓이고 여명에서 관살은 태지에서 혼잡합니다. 그래서 무난한 결혼 생활의 궤도에 놓이기는 어렵습니다. 남자는 재취해도 해로가 어렵고, 여자도 이혼을 면하기 어렵습니다. 병자일생은 대개 예의가 바르고 명랑하나, 외양내음이니 속으로는 수심이 가득합니다. 여성은 화려한 장식품이나 보석류를 좋아할만한 일주의 물상입니다. 적은 것은 아끼지만, 고가의 사치품은 망설이지 않고 구매하는 경우가 종종 있습니다. 이상과 자존심이 높은 반면 체념도 빠른 편입니다. 남편은 종래 장성에 놓여 권력, 공직 계통에 종사하는 경우가 많습니다. 병자일생이 신묘시에 나면 곤랑도화가 됩니다. 인수 도화에 형이 들고 신금 재가 절지에 놓여 조행이 좋지 않아 패가망신할 공산이 큽니다.

▸ occult practices : **화식**華飾

14. 정축墓

정축일생은 여러 가지 물상을 담고 있습니다. 화개에 신금의 재단 물상과 정화가 함께 하면 미적 감각이나 의상감각, 음식솜씨가 뛰어남을 뜻합니다. 자존심과 질투심이 남다르지요. 한밤의 등잔불로 누구에게나 사랑받고 봉사하여 존경의 대상이 됩니다. 인기를 독점해야 마땅합니다. 하지만 자신을 태워 불을 밝히자니 빛은 아름답지만 몸은 녹아납니다. 겉은 평온해도 내면은 갈등과 번뇌가 있으며, 근실하다가도 때때로 비관하는 경향이 있습니다. 일원 자신과 식신, 재성이 다 입묘된 까닭으로 깊은 고독감에 젖어들면 원망이 심해질 때가 있습니다. 신앙심도 타고 난 것입니다. 또 한 번 마음속으로 낙인을 찍은 상대는 다시는 친해지려 하지 않는 결백성이 두드러집니다. 어쨌거나 재고는 귀인입니다. 한

없는 욕심에 원 없이 재물을 희롱해보기도 합니다. 재성 신금은 양지에 놓이고, 또 화개에 속해 돈 욕심도 많고 물려받는 재산이 있습니다. 소는 가만히 놀고먹는 팔자가 못됩니다. 남명의 일지에 식재와 재관이 동림하면 장모봉양과 총각득자를 암시합시다. 여명의 관, 계수는 축토에서 관대에 놓입니다. 하지만 관고인 이상 남편을 무서워하지 않고 생리사별을 겪게 됩니다. 부군이 의사, 종교인, 역학자 등 활인 계통에 종사하는 경우가 많습니다. 인수는 관대와 화개의 매트릭스에 놓이므로 사리가 분명해도 성숙한 지성으로 보긴 어렵습니다. 정축일생이 을사시에 나면 사화에서 장성을 얻고 재국을 이루어 묘왕합작하니 중년 이후에 더 큰 치부가 가합니다. 또 생시에 상관 무토가 록을 얻으니 일지의 식신이 묘지에 놓여 두각을 드러내지 않다가도 필시 성장하면서 발전합니다. 그러나 임수 관은 사화에서 절지에 놓입니다. 종내 남편과 생리사별을 겪어도 본인의 발복은 이어집니다. 한편 을목 인수는 욕지에 놓였습니다. 학업의 욕구가 수그러들지 않고 반복해서 배우는 물상으로 나타납니다.

▸ **occult practices : 촉대燭臺**

15. 무인生

무인일생은 일원과 인수가 장생을 얻은 겁니다. 원론적으로 학문을 즐겨하고 문장이 수려하며 학자나 교육자로 진로를 정하면 길할 게 분명합니다. 무엇보다 귀인의 조력과 든든한 후원이 따르므로 인덕이 있습니다. 비견 또한 생궁에 놓인 까닭에 활동적이며. 자신의 힘을 믿고 과시하는 경향도 나타납니다. 반면 갑목의 칠살 또한 세력을 왕성하게 얻는 형국입니다. 남명은 출중한 많은 자식을 보게 될 가능성이 큽니다. 이렇게 살인상생이 생궁에 놓이면 관록도 발하고 만인의 두령이 되어 지도하려는 야심을 갖게 됩니다. 또 대체로 신상에 변동, 변화가 심한 편으로 신금 역마의 충운에는 외국에 출입하는 경우가 많습니다. 또 재성 임수 또한 병지에 놓입니다. 그래서 무인일생은 분주할수록 먹을 게 많은 법입니다. 한편 용맹스러운 외견에 비해 내면이 의외로 소심하고, 겁이 많은 듯해서 큰일을 감당하지 못하고 물러서는 경우도 있다. 이런 현상은 식신 경금이 인목에서 절지에 놓이는 까닭입니다. 겁살과 지살이 함께 하면 개척정신이 강한 가운데 멈칫하는 성향이 혼재됩니다. 보통 학당귀인은 공직이나 교육계에 많이 분포됩니다. 이 사람은 사업보다 직장이 우선입니다. 여성의 남편 또한 장생과 건록을 얻어 뚜렷한 직업을 가진 부류일 공산이 충분합니다. 한편 팔자 전체에 재살이 많거나 관살혼잡돼 격국이 파하면 이성의 배신과 구타로 인해 고통으로 인해 잦은 만남과 이별을 겪습니다. 일원이 약하고 칠살이 태강하면 인부신음하기 마련이죠. 무인일생이 경신시에 났다고 칩시다. 거법으로 경금 식신이 록을 얻었습니다. 일지의 인목에서 경금 식신은 절지에 놓이니까 원형이정의 운성콤플렉스를 적용하면 자식이 성장해서 여명의 자신과 단절되는 시점에서 입신하는 것입니다. 그래서 이런 경우에 품안의 자식이 적용되지 않지요. 슬하가 아닌 부모와 떨어져야만 자식이 발전하는 것입니다. 같은 말로 경인일주의 여명이 자식을 키울 때는 절지에 놓이는 식신이 두각을 나타내기 어렵다고 볼 수 있겠지요. 인신충은 생병의 충입니다. 장생과 역마의 충은 나이가 들어서도 활기를 띠는 것으로 볼 수 있습니다. 노년에도 한곳에 정착하기 못하고 여러 곳을 다닌다는 얘깁니다. 팔자의 명국에 이미 인신충이 있는데 세월에서 또 신금의 병운이 도래하면 왕자충쇠자발이 되어 장생을 잃게 됩니다. 대개 이런 시점에 건강을 한판에 잃어버리는 물상이 나타나게 됩니다.

▸ **occult practices : 독서讀書**

16. 기묘病

들판의 토끼 내지 오소리의 상인 기묘일생은 남달리 예민하고 타인과 융화하기 힘든 면이 있습니다. 그러나 관살이 병지이자, 록왕에 놓인 이상 명석하고 안하무인의 기질을 품습니다만 보통 때 독보적인 성향을 잘 드러내진 않습니다. 또 자상하고 꼼꼼한 면모가 있는데 기토 곡각과 묘파 현침이 겹친데다 병지를 놓아 자신과 가족이 질병에 시달리거나 환자 물상으로 나타날 때가 많습니다. 항상 타인을 위해 적덕을 쌓아야만 신액을 면한다고 했습니다. 재성 임수는 묘목에서 사지로 인종됩니다. 이 사람의 처는 병사지에 놓여 제 기능을 하기 어렵습니다. 반면 자식의 관성은 상대적으로 활기를 띱니다. 다만 묘파의 병지에 놓인 이상 자식이 일찍 독립한다는 암시가 강합니다. 여명의 경우에는 관살혼잡이 록왕의 힘을 얻고 역마에 놓였습니다. 남편과는 이별하거나 떨어져 지내기 쉽고, 혹 정부를 두기도 합니다. 기묘일생은 팔자에 병화와 계수로 한난을 잘 구비해야 상격에 속합니다. 이 사람은 정관의 장성으로 권력 계통에서 대성합니다. 하지만 격국이 파하여 하격으로 정해지면 법보다 주먹이 가까운 부류에 들 때가 많습니다. 그래서 직업이 군인, 경찰, 법관, 의사, 교사 등으로 진출하지 않으면 건달이 된다고 했을 정도입니다. 처궁은 병사지로 병약한 처를 두거나 잃기 쉽습니다. 여성은 일견 약한 듯하지만 끈질기고 괴팍한 면이 있습니다. 기토가 일지에 착근하지 못해도 부성 갑목과 합생하므로 먼저 쓰러지는 법은 드물지요. 하지만 남편궁에 역마를 둔 이상 가출이나 흉포한 성정의 남편을 두게 되는 경우도 적지 않습니다. 이를테면 미년과 같을 때 남편이 배신하고 집을 나가기 쉽습니다. 묘미의 합작은 병대의 물상으로 나타나 자신은 환자복을 입은 형국이 되는 셈이죠. 잡가에 삼팔 묘목이니 여덟 살의 나이차가 나는 배우자에게 세 번 시집가는 팔자라 했을 정도로 묘파성의 위력이 강합니다. 무엇보다 여명은 자손도 박덕한 편이라 불리한 점이 가중됩니다. 경금이 묘목에서 태지에 놓이는 까닭이죠. 인수는 욕지에 놓이는데 중년 이후 유금의 사지가 이를 충할 때 모친이 세상을 떠나는 수가 많습니다.

▸ occult practices : **방랑放浪**

17. 경진養

경진일생은 상관 양지에 재인은 관대로 천살과 월살의 복합구조를 띱니다. 간단히 말해 종교성이자 독실한 신앙심과 연관되지요. 상관양지는 유아독존의 만심을 품고, 또 시사포덕이니 남에게 많이 베풀고 살 운명을 타고 난 것입니다. 보통 겉은 경금의 숙살지기로 냉엄한 면모가 드러나지만, 속은 온화하고 한번 사귀면 변함이 없는 사람입니다. 경금은 을목에게 정을 주고, 또 무계합화로 암암리에 화기를 띠는 까닭입니다. 경진은 괴강이자 유하로 사람이 총명하고 문장력이 있습니다. 필시 한 가지 타고난 능력이 있는 가운데 팔방미인이라는 소리를 듣습니다. 괴강에 유하가 겹치면 운이 강할 때는 권력이든 사업이든 크게 되고 대발전하지만, 운이 하강하면 걷잡을 수 없이 내리막을 탑니다. 신상에 급격한 변동이 있다는 얘깁니다. 다른 말로 재복이 있어 부자가 되지만 한번 꺾이면 재기불능이 된다는 뜻입니다. 남자는 보통 자수성가에 처덕은 두터운 편이나, 재성과 암합하여 항시 이성 관계가 복잡한 경향이 있습니다. 관성 병화 또한 진토에서 관대에 놓이므로 권력은 갖지 못하면 상관으로 인한 관재구설이 따릅니다. 여명의 남편은 권력계통이나 의약업계에 종사하는 경우가 많습니다. 아니면 본인이 군경계로 진출하기도 하는데 어쨌건 남성과 대등하게 사회생활을 하는 유형이 대다수입니다. 진토는 계수 상관의 천살이자 식상입고로 남편과 자식의 덕을 기대하기 어렵게 만드는 요소입니다. 가정을 이끌어야 하고 자식으로 인한 비애가 있습니다. 경진일생이 병술시에 나면 수고와 화고의 충격으로 관성입묘와 식상입고로 육친의 덕이 없습니다. 한마디로 생과부 같은 고독한 처지를 벗어나기 어렵습니다. 이 사람이 정해시에 나도 정관이 재살에 놓여 라망을 짭니다. 납치, 감금, 유괴 등의 변고를 겪을 수 있습니다. 여명의 경우 대개 모친의 별세 이후 남편의 불운이 따르는 상이지만 이때 자식은 잘 되고 또 재운이 있습니다. 해수에서 식신은 건록이고, 재성은 장생을 얻기 때문입니다.

▸ **occult practices : 삭거索居**

18. 신사死

일지 장간에 정신기 삼자를 다 갖춘 신사일생은

원만하고 적절한 처세로 신사다운 품위가 있습니다. 무엇보다 정관 병화가 건록을 얻었기 때문이죠. 겁재가 장생이니 자존심이 강합니다. 또 인수가 건록을 얻어 교양과 예의가 있습니다. 하지만 일을 밀어붙이는 저돌성은 약한 편입니다. 식상 임수가 절지로 인종되는 까닭이죠. 간혹 순간적으로 노출되는 강기와 냉정한 내면은 경신 금기의 철추쇄옥 상의로 이해할 수 있습니다. 천성적으로 담력이 강하고 무서운 게 없으며 겉으로 고집이 있어 보입니다. 하지만 내면은 다정다감해서 여린 구석을 발견하게 됩니다. 보통 일원이 암합하는 구조면 그러합니다. 금이 불에 녹아 물로 변하는 형상이라 화가 나거나 감동받으면 더러 눈물을 보일 때가 있습니다. 남녀 공히 이성의 유혹에 빠지기 쉽습니다. 재가 욕지로 인종되고, 관을 암합하기 때문이죠. 사회 활동적 면에서는 전반적으로 무난하지만 재정적인 면에서는 도화로 재물의 축재가 쉽지 않습니다. 보통 팔자에 습토가 있으면 지도자로 성공하는 귀명으로 분류합니다. 신금은 조토의 생을 받으면 말이 많고 까다로

우며 신경질적이고 경박해질 우려가 있습니다. 신사일생은 남녀 공히 반듯한 배우자를 얻는다는 속설이 있는데 엄밀히 여명의 부덕이 더 있다고 봐야 합니다. 남명의 처는 욕사의 매트릭스 조합으로 단아하고 두드러지지는 않지만, 간혹 가출이나 사치 등으로 인해 고민할 수가 있습니다. 여성은 남편의 사랑을 받습니다. 또 배우자에게 집착하는 경향이 있지요. 내심 배우자의 이성 관계를 의심하기도 합니다. 보통 의처의부의 성향은 일지의 재관과 암합하는 구조에서 나타납니다. 항시 이성이 따르는 형상이니 흑백을 분명히 하는 처신을 하고, 가급적 외출은 삼가는 게 좋습니다. 자식보다는 사랑을 위주로 하는 유형으로 외유가 잦은 편이죠. 식신 수기는 절지에 놓이기 때문입니다. 신사일생이 병신시에 나면 과어유정으로 중년 이후의 외도를 짐작할 수 있습니다. 병신은 거법으로 정관 역마이니까요. 이때 자식들은 장생을 얻으므로 잘 성장해서 훌륭하게 자랍니다. 자녀의 덕이 있습니다. 종래 일원 신금은 왕지에 놓이므로 우월한 노년기를 예상해볼 수 있습니다. 혹 신월 신시라면 화수격으로 논합니다. 그러므로 팔자에 오직 금수만 보여야 가격을 이루겠지요.

▸ occult practices : **강호江湖**

19. 임오胎

병정의 재가 혼잡 된 임오일생은 태지에 놓여 현실의 이익에 계산이 빠르고 행동이 민첩하므로 견실성을 유지하게 됩니다. 일지의 정화 재와 암합하여 다정다감하지요. 밝음과 어두움이 교차하면 종종 변덕을 부리기도 합니다. 또 비밀이 숨겨져 있지요. 좋은 점은 정관 기토가 건록을 얻어 록마동향인 점에 있습니다. 일생을 통해 노력 이외의 복록과 행운이 종종 따르는 유형에 속합니다. 오화는 복성이므로 인명의 지복을 상징합니다. 재는 좌법으로 록왕지에 놓이고, 인수는 욕패지로 인종됩니다. 따라서 모친보다는 부친과의 인연이 깊다고 봅니다. 인수는 욕지로 인종되는데 걸출한 지성은 아닙니다. 물론 중간 이상은 합니다만. 일단 부부 인연이 좋다고 봐야 합니다. 남명은 호색하는 기질로 인해 간혹 풍파를 겪을 수 있습니다. 하지만 이별하는 경우는 드뭅니다. 원래 일원이 일지의 재와 암합하면 배우자와 헤어지기 힘듭니다. 팔자에 유금을 보면 재살과 도화가 파하는 형국이니 주색으로 인한 패가망신이나 심하면 마약류에 손을 댈 수도 있다고 가정합니다. 신금을 봐도 오신의 의마심원이라 일탈이 나타날 때가 있습니다. 여성은 미모로 대중적이며 활발해서 가사보다는 대외적 활동에 주력하는 경향이 있습니다. 팔자에 인목의 역마가 있어 오화와 합작하면 사교적이며 활발해서 보험이나 화장품 등 현장 세일즈에 나서는 일이 있습니다. 일지는 재생관의 형태로 타고난 애교와 내조로 남편의 사랑을 독차지하는 편입니다. 병정화의 재성 혼잡으로 시어머니와 강한 인연을 암시하는데 간혹 두 분의 시모를 모시는 경우도 있습니다. 팔자에 수기가 부족하면 파출부, 목욕탕, 화류계 등으로 진출하는 경우가 많습니다. 물이 부족해 갈증을 야기하는 상이 성립되면 밤이나 물과 인연이 깊은 업종에 종사하는 일이 많다는 얘깁니다. 이러한 경우 재생관의 유형은 남자가 많이 따르는데 이로 인한 고통이 암시되므로 주의하는 게 좋습니다. 정관은 록이고, 식신은 사지에 인종되므로 남자에 비해 여명은 자식의 덕이나 운이 좋다고 보지 않습니다. 임오일주가 경자시에 나면 인수 사지가 자오의 충으로 충격될 때 모친이 별세할 수 있습니다. 또 장년 이후에 재물로 인한 근심수를 뜻하기도 하지요.

▸ **occult practices : 조명**照明

20. 계미墓

계미일생은 창고에 목화토의 식재관을 다 구비했습니다. 평생에 식록은 유족하고, 천역이니 몸은 한가한 듯해도 마음은 늘 분주합니다. 이 사람은 일반적으로 활동적이며 매사를 자신의 의지대로 이끌어 가려는 자세를 보입니다. 이 세상에 쓸모가 많고 종래 가진 것이 많다고 봐야 합니다. 식신의 재를 도우니 일을 추진해서 곡절만 타고 넘으면 비범한 성취를 봅니다. 기토 관대는 계수 일원을 억제하는 성향이 있으므로 체질이 허약하거나 배우자의 간섭이 심한 형편으로 나타나기 쉽습니다. 일단의 시련을 겪어도 식신의 제살 기운이 있으므로 곡절을 타 넘어가 결국은 성공한다고 보는 겁니다. 그래서 팔자에 금수가 잘 갖추어지면 지도자로 성공하고, 목화가 왕하면 건강을 잃어 신고하게 될 가능성을 점치는 것입니다. 남명은 타고난 재주와 야망으로 사회적인 출세를 제일의 가치로 여기는 사람이 적지 않습니다. 식신제살의 유형인 까닭이죠. 까닭에 출세를 위해 수단과 방법을 가리지 않는 기질이 있습니다. 하지만 타협이 없이 극단적 처세를 하면 궁지에 몰리기도 합니다. 계수가 말라버린 격이지요. 상격은 고관대작으로 크게 이루지만, 반대의 경우 범법자가 되는 수도 있으며 비밀이 많습니다. 대개 화개가 이러합니다. 게다가 묘지에 인수와 재살이 모두 관대를 놓아 예정된 침잠의 형국을 암시하고 있지요. 계미일생은 부부간 갈등을 예고합니다. 정화의 재신은 관대와 화개의 매트릭스 구조로 본처 해로가 어렵다고 보는 게 일반적입니다. 또 미토의 귀도에는 보이지 않는 이성이 항시 따라다니는 경우가 많습니다. 보통 일지에 편재를 두면 남연이라 해서 배우자 몰래 다른 애인을 숨겨 둘 여지가 있다고 보는 겁니다. 여성도 남편이 버겁기는 마찬가지입니다. 차라리 공방이 편할 때가 있고 신병으로 고생합니다. 게다가 미토는 식상 목기의 고지로 좀체 자식의 덕을 기대하기도 어렵습니다. 식신 을목은 천살과 화개를 겸하여 신앙이나 종교에 관심이 깊은 편이죠. 계미일생은 화초나 약초 재배가 맞지 않습니니다. 이 사람이 무오시에 나면 팔자의 재관이 지나치게 왕한 격이 됩니다. 쓸쓸한 팔자가 될 공산이 큽니다. 무엇보다 본인 계수 일원이 묘지에서 절지로 나아가니까요.

▸ **occult practices : 기우祈雨**

三講

▸ 이제 갑신 순의 설명이 이어집니다. 계속해서 '운성매트릭스'의 기초를 반복하고 봉법의 신살 합작을 기초로 운기를 살피는 패턴 일면을 짚어봅니다.

21. 갑신絶

갑신일생의 신금에는 무토와 임수, 경금의 재인살이 절지를 놓고 있습니다. 먼저 재성부터 매트릭스를 짜면 절지와 병지, 즉 겁살과 역마의 조합이 됨을 알 수 있습니다. 다시 말해 이 사람의 재물은 완전한 바닥의 운기에서 자리를 이동하여 취할 수 있음을 예고합니다. 타향살이에 이사를 해야만 운의 전환을 꾀할 수 있다는 얘기지요. 남자에게 처궁 또한 차중연애, 혼담백리가 당연한 현상입니다. 일단 결혼하고 나면 어떤 현상이 나타날까요. 일단 칠살이 배우자궁에 놓였으니 악처고심입니다. 악처가 아니면 절궁과 병지에 놓였으니 아프거나 생사이별로 소식이 단절돼야 합니다. 또 일지에 편재를 놓았으니 남연으로 애인도 두는 것이죠. 여자는 부성이 절지, 건록을 놓았습니다. 여명에 좌하칠살이면 강제결혼에 남편으로 인한 신음이 필연적으로 따릅니다. 남자는 자식 문제로 골치 아픕니다. 이 사람은 두통, 근육통, 골통이 따라붙으며 늘 좌불안석이 되기 쉽습니다. 봉법을 기반으로 절지는 공방수를 암시합니다. 갑신일생은 인수가 절지에서 장생을 얻었습니다. 그래서 절처봉생, 위기가 기회로 변환되는 전화위복의 운기를 예고합니다. 신고성에 인수로 칠살을

화하면 고독한 권위가 되는 겁니다. 참아야 합니다. 재신 진토의 반안과 합작할 때 건재를 과시하는 성공을 실감할 수 있습니다. 사신형의 역마 사운에 인인실패로 가진 것을 다 털고 이동하는 애절한 상황에 놓이기 쉽습니다.

▸ **occult practices : 이민移民**

22. 을유絶

을유일생은 관살이 절지에 놓여 록왕을 얻고 있습니다. 건록의 칠살 신금과는 절연되고, 제왕의 정관 경금과는 합생되는 구조를 놓았습니다. 한마디로 성장기에 놓인 자식문제로 인한 근심이 따를 수입니다. 여명 또한 남편과는 무정한 양상이죠. 부군이 군경이나 의사, 법관 등의 소위 센 직업을 가졌으면 그나마 다행입니다. 결론해서 하나의 관은 취하므로 관록이나 자식이 없다거나 또는 부부간의 이별을 속단하지 않습니다. 오히려 유인성, 군경계나 의약업계로 진출하면 유리한 면이 있습니다. 여성도 부창부수하는 성정이 있습니다. 을목은 원래 재주가 많고 재치가 있으며 인정이 많은데, 일지에 칼을 찬 형상이니 겉으로는 다정해도 안으로는 권위적인 속성을 품습니다. 대단히 날카롭고 끈질기며 냉혹한 속성이 상존하는 셈이죠. 요약하면 을목은 자비고 유금은 이면의 냉혹한 성정을 뜻합니다. 이 사람은 보통 두통을 면할 길이 없고, 간이나 비장이 약하며 치아도 부실한 편입니다. 식재가 공히 사지에 놓여 힘을 쓰지 못하므로 관운에 비해 재운은 부족합니다. 여명의 자식도 또한 무력하지요. 절지인 이상 부부간의 잦은 다툼도 피하기 어렵습니다. 축년에 재의 반안과 합작하는 운기지만 이때도 재는 화개에 좌하므로 보통 적적하게 쉬는 국면이 됩니다. 사운에 겁연이 합작하면 비록 외화내곤하나 허신 재기를 불러오며 운기의 전환을 맞게 됩니다.

▸ **occult practices : 봉직奉職**

23. 병술墓

병술일생은 일지에 화고를 놓았습니다. 일단 겉은 화려한 호걸풍이지만 일신에 쓸쓸함이 따릅니다. 감정의 기복이나 변덕스러운 성향이 있습니다. 그래서 스스로 주위의 좋은 인연을 멀리 하고, 고독한 운명의 길을 지향하는 특징이 있습니다. 일락서산의 물상이 그러합니다. 수행을 통해 내면을 다지고 학문이나 예술 방면에 취미를 붙입니다. 분명 종교적인 경향이 있지요. 또 풍류도 즐깁니다. 술예성이 그런 겁니다. 재관 공히 관대에 좌하거나 인종되면서 묘지에 속합니다. 월살과 화개를 겸간하면 떠오르는 물상이 환자의 상이니까 배우자의 신상에 횡액을 염려할만한 요소가 됩니다. 정화 겁재는 양지에 좌하면서 또한 입고됩니다. 이 사람은 집념이 강하고 무슨 일이든 빨리 해치워야 직성이 풀립니다. 하지만 식신이 입고라 장애가 있습니다. 또 부양하는 형제 하나를 먼저 잃는다는 암시입니다. 이 사람은 재성을 깔고 관대를 띠어 재운은 따르는 편입니다. 재신을 암합하여 인정이 많고 원만한 처세를 하지만 조급한 기질이 흠이 될 때가 많습니다. 병술일생은 관이 또한 관대로 인종됩니다. 그러니까 육친의 덕을 골고루 갖추는 편입니다. 다만 내면의 외로움이 채워지지 않을 뿐이죠. 그래서 아끼는 애인이 있어도 만족스럽지가 않은 겁니다. 남명의 양일간이 일지의 재신을 암합할 때, 타간이나 타지의 장간과 쟁합하는 형편에 놓이면 처첩이 떠나가는 수가 있습니다. 달리 말해 재복이 따르는 동시에 탈재도 빈번한 양상을 그릴 수 있습니다. 그래서 의처의 증세나 결혼의 실패수를 단정하는 것입니다. 여성도 한 고집합니다. 정이 많고 간혹 남의 남자를 좋아하는 경우가 있어 문제가 되기도 합니다. 혹은 내 남편이 다른 여자에게 정을 주는 일이 있지요. 일지의 정화가 타간 임수와 암합하면 그런 현상이 나타납니다. 또 식신이 입고니까 자식으로 인한 근심이 있습니다. 고가에 자식 하나 불구를 면키 힘들다고 했을 정도입니다.

▸ occult practices : 신심信心

24. 정해胎

보통 정해일생은 두뇌가 명석하고, 직감으로 느끼는 힘이 강하다고 알려져 있습니다. 천문 해수에 좌한 인수 갑목과 상관 무토가 작동하는 까닭이죠. 다만 상관은 절지로 인수에 비해 유력하지 않습니다. 주작은 말을 잘 해도 표현이 썩 세련되지 않다는 얘깁니다. 이 사람은 외향이 맑고 건전하나 속으로는 자신감이 부족하거나 부족한 마음을 가질 때가 더러 있습니다. 임수 정관이 록을 얻고 일원을 암합하여 제어하는 힘이 강하기 때문입니다. 해수 재살은 묘목 역마와 합작하는데 곧잘 고향 떠나 객지 생활하고, 생활환경이 분주한 유형이 많습니다. 재신 경금이 해에서 병지로 인종되기에 정해일생은 움직일수록 먹을 게 많습니다. 배우자는 대개 본인보다 학식이 높고, 귀인으로 후덕할 인연이기 쉽습니다. 혹 서로 아무도 모르게 이성의 비밀을 간직하는데 여명의 남편이 되는 임수 관이 타간과 암합하는 경우를 상정해서 하는 말입니다. 또 해수에서 신금의 재성이 욕패에 놓이는 것으로 남명의 아내 또한 도화기가 발동하는 것으로 보는 관점이 있습니다. 이것은 드물게 인종법에서 음포태를 쓰는 유형인데, 이러한 관법은 엄밀히 육갑포태로 정의돼야 합니다. 육갑포태는 지지 한 글자를 주동하여 짝이 되는 다섯 개의 천간을 대비하는 수법으로 종래에 선보이지 않았던 유형입니다. 정해일생은 화가 나면 상관기가 작동하여 일면 물불을 가리지 않는 성향을 보이기도 하지만 스스로 절제하는 힘이 있습니다. 여명도 자상하고 선량한 성품에 남편을 잘 믿습니다. 팔자에 관성이 건전하면 귀부인으로 평생 안락합니다. 하지만 명암부집이 되면 사통도주가 일어날 정도로 외도를 막을 길이 없습니다. 상관의 절지는 자녀궁의 흠결을 암시합니다.

▸ **occult practices : 정숙整肅**

25. 무자胎

무자일생은 위인이 총명하고 재복이 있습니다. 무계의 암합이 포인트로 암암리에 발생하는 화기가 인수로 작용하고, 또 록지에 좌한 재신과의 천지합덕이 재운을 부르는 요소가 됩니다. 거부는 어렵고 또 탈재도 빈번히 일어나지만, 재복이 좋아 지갑이 비는 일은 없습니다. 따라서 명운에 자수를 타격하는 오화의 글자를 몹시 두려워하는 일면이 있습니다. 보통 일지의 장간과 일원이 암합하는 구조를 보이면 심성이 착하고 다정한 면모가 드러납니다. 인수는 다만 허신으로 작동할 뿐 자수에 인종하면 태지가 겹치는 상에 불과합니다. 그래서 모선망에 모정을 애타게 그리는 고독감이 있습니다. 남자는 나름의 고집은 있으나 박력이 없습니다. 겁재 양인이 절지로 인종되는 까닭으로 대업의 성취는 힘들다고 보는 겁니다. 반면 이 사람은 미인이 많이 따르고 여자를 다루는 솜씨가 뛰어납니다. 재살에 갇힌 혼잡된 재성이 록왕지에 좌하고 또 정재를 암합하기 때문입니다. 자식인 갑목은 자수에서 욕패하므로 자식의 덕을 크게 기대하긴 어렵습니다. 여명에서는 남편의 덕이 약하다고 보는 겁니다. 식신 경금도 자수에서는 사지에 놓입니다. 이렇게 남녀 공히 자식의 육친성이 욕사지에 속하므로 무자일생은 자식과의 인연이 박한 편입니다. 자수는 드러나지 않는 내면의 수심을 암시합니다. 이 사람은 마음이 약해 눈물이 많은 편입니다.

▸ **occult practices : 수반水盤**

26. 기축墓

기축일생은 장간에 비식재 삼자를 갖추어 근면하고 성실한 사람입니다. 비견이 고지에 든 것은 일찍 세상을 떠난 형제를 암시합니다. 비식이 강하여 심지가 강직하고 홀로 독보하는 성질이 있습니다. 식신 신금의 작용으로 간혹 격한 마음이 불끈 일어나 거친 언행을 할 때가 더러 있습니다. 동토의 물상으로 팔자에 병화를 보면 학식이 높아집니다. 양 기토는 갑목을 합관하는데 인품이 고지식하면서도 인정이 많습니다. 겉으로는 용맹해도 뒤는 무르다는 얘기지요. 전답의 물상은 곧 모성으로 선천적 교사의 체질인데 인수가 양지에 인종되므로 종교나 신앙 등에 관심이 깊습니다. 또 곡각으로 항상 몸이 아픕니다. 수족 이상이나 신경계의 질환이 따릅니다. 이 사람의 부부궁은 꽤 건전하면서도 종래는 근심이 나타납니다. 재관 공히 관대와 화개가 겹치는 까닭입니다. 또 간여지동이니 다툼이 있는 상으로 떨어져 사는 게 차라리 편합니다. 남명의 처는 계수인데 타간 무토와 암합하면 배우자가 외도하거나, 혼전 경험이 있는 상대일 가능성이 높습니다. 여성도 고집이 세며 개성대로 사는 유형이 많습니다. 음토로 내심 비밀이 있고 공방수가 따릅니다. 보통 남편과 자매의 사이가 좋습니다. 금고인 축토는 자식 하나를 땅에 묻었다고 보는 겁니다. 습한 땅에 현침 신금이 놓여 여성은 성교 중에 우는 특징이 나타나기도 합니다.

▸ **occult practices : 별거**別居

27. 경인絶

경인일생은 영리하고 활발하며 경쟁에서 지기를

싫어합니다. 백호의 상으로 독보하는데 개척정신이나 이기적 성향 등으로 나타납니다. 살인이 공히 장생을 얻어 이 사람은 명예를 중시하고, 출세욕이 강합니다. 평범하지 않고 큰일을 도모하지요. 다만 이기심과 독선으로 인해 진실한 유대를 맺기 어려우며 호방한 가운데 신용을 잘 지키지 않는 단점이 있습니다. 즉시 판단하고 편견에 치우칠 우려가 있는데 고의로 거짓말을 해도 내색이 없을 정도로 계책에 능합니다. 용기와 위세가 너무 지나쳐 실패를 자초하기도 하고, 궁지에 몰리면 때로 윗사람과 주변의 도움으로 위기를 모면하고 성공하는 저력을 보입니다. 혹은 본의 아니게 은인을 배신하는 결과를 초래하기도 합니다. 어쨌든 재신이 건록을 얻고 또 절지에 놓으므로 거금을 쥐는 일이 있습니다만, 일단 사업보다 공직으로 진로를 이어가는 게 좋습니다. 이재의 능력이 뛰어난 배우자와 연분을 맺을 가능성이 높습니다. 병화 관은 절지를 만나 장생을 얻습니다. 그래서 남명의 자식이나 여명의 남편은 유력한 가운데 함께 살기는 어려운 경향이 짙습니다. 금이 목을 치는 상의 타뇌관은 남녀 불문하고 교통사고와 같은 불의의 사고를 당할 가능성이 있습니다. 그래서 특히 이 사람에게 보험은 필수사항입니다.

▸ **occult practices : 공직供職**

28. 신묘絕

현침의 물상을 제대로 지은 신묘일생은 공교한 재주가 있습니다. 성격도 담백하고 큰 재물을 손에 넣는 수완도 뛰어납니다. 그러나 천파성에 겁살과 유하가 겹쳐 일시에 가진 재산을 다 탕진하는 허무한 결과를 볼 수 있습니다. 두려움을 느껴 소심해지고 침착성을 잃으면 만사가 다 꼬입니다. 이 사람은 활인적덕하지 않으면 신상에 닥칠 화액을 피하기 어렵습니다. 심하면 하체가 불구화되는 수가 있습니다. 일지의 편재 혼잡과 절궁은 남명의 처궁을 부실하게 만드는 요소가 됩니다. 배우자보다 애인을 더 생각하는 유형이 많다는 얘깁니다. 록왕을 얻은 재신은 건전한 처를 뜻하기도 하는데 결국 자신이 악처를 만드는 양상으로 나타나기 쉽습니다. 부부 이별을 면하기 어려운 일주입니다. 보통 절궁에 관이 들지 않으면 외방에 자손을 두기 쉽다고 했는데 자식의 덕은 박한 편입니다. 관성이 묘목에서 욕패에 들기 때문이죠. 그러니까 여성도 애초에 남편의 덕을 기대하기는 어렵습니다. 무력하거나 주색에 빠지기 쉽죠. 부군이 작첩해서 독수공방하고, 시집오면서 신랑이 놀기 시작하는 괴로운 국면이 이어질 공산이 큽니다. 남자는 처를 고생시키고 여자는 남편으로 인해 고통 받는 경우가 많습니다. 이래저래 돈을 벌어도 행복한 가정을 이루기가 쉽지 않습니다.

▸ occult practices : **적덕積德**

29. 임진墓

임진일생의 괴강은 상관이 대지이자 화개로 별난 개성의 소유자일 공산이 큽니다. 양인과 상관이 겹쳐 말을 참지 못하고 격한 언행으로 상대에게 상처를 주는 경향이 있습니다. 일지의 무계합화는 암암리에 재신 화기를 불러 때때로 횡재나 기대 이상의 복덕을 실감하기도 합니다. 용이 물을 만난 이 사람은 상관과 칠살이 공히 관대에 좌하여 타고난 재능과 리더십으로 만인을 계도하는 성질이 충만합니다. 하지만 양인가살, 상관가살이 종래는 다 화개에 들었기 때문에 재주가 넘쳐 스스로 함정을 파는 결과를 보기 쉽습니다. 일을 크게 벌여 후회하는 경우가 많지요. 태생적으로 야심이 만만하고 반항적이고 승부욕이 강한데 대부분 종국에는 남 좋은 일만 다 한 셈이 되고 실속이 없습니다. 용이 적기에 승천하지 못한 아쉬움이 큰 대목이지요. 일단 일지 칠살이 묘지에 놓여 처궁은 부실하다고 봐야 합니다. 다만 병화 재신이 관대로 인종하는바 처덕이 전혀 없다고 할 수는 없지만 결과적으로 그렇다는 얘깁니다. 여명도 본질적으로 과부지상입니다. 비록 무토 칠살이 관대에 좌하지만 양지의 계수가 암합하니 공방수를 피하기 어렵습니다. 부부간 애정이 없습니다. 마음에 그늘이 생기지요. 한 마디로 외화내곤입니다. 임진은 전반적으로 월살과 화개의 복합적 구조를 갖습니다. 봉사활동과 인연이 깊고 일복은 타고 났지만 때마다 침잠하는 현상을 피해갈 수 없습니다.

▸ occult practices : **침잠沈潛**

30. 계사胎

계사일생은 록마동향입니다. 재관이 다 같이 록을

얻었으니 평생의 복록이 두텁다고 봅니다. 인수 경금 또한 장생에 좌하여 총명하고 출세하기에 적합한 구조를 짰습니다. 지혜롭고 이해심도 깊으며 주변의 인덕도 기대할만합니다. 이 사람은 위험한 처지에 놓여도 살아갈 방도가 나타나는 천우신조의 혜택을 누립니다. 원론으로 돌아가 봉법으로는 재관인이 다 재살 태지에 놓였으니 분주한 일상으로 타향과 인연을 맺을 공산이 큽니다. 재살의 정관이 건록에 좌하면 관록을 지향하는 탐관이 지나칠 우려가 있습니다. 그래서 출세의 노정에 혹 부정을 저지르거나 담합할 공산이 큽니다. 수화가 교전하여 흑운차일의 상이 나타나면 조급해지고 변덕을 부립니다. 하지만 겨울의 태양이나 밤하늘의 빛과 같은 물상인 계사일생은 천성이 귀한 것으로 어떤 고통과 역경도 딛고 일어서는 경우가 많습니다. 대체로 육친의 덕이 있는 가운데 일귀로 배필 운 또한 순조로운 편입니다. 보통 남명은 처덕이 두터운 편으로 재색을 겸비한 양가의 규수와 연분을 맺습니다. 여성도 왕성한 사회활동을 보이는 이가 많습니다. 다만 명암부집의 유형이 되면 이성 문제나 삼각관계 등으로 인한 번민을 면키 어렵습니다. 팔자에 해수를 보거나 해년을 만나면 배우자로 인한 문제나 손재로 인한 고통을 당할 가능성이 높습니다.

▸ **occult practices : 양광陽光**

四講

▶ 갑오 순에서는 육갑포태라는 새로운 개념의 용어가 적용됩니다. 육갑포태는 지지를 주동하여 갑자가 성립되는 십간의 인종 관계를 살펴 육신의 동향을 파악하는 학파의 비전 중 하나에 속하는 내용입니다. 보통 인종법에서는 양포태인 오행포태를 구사하는 경우가 일반적이지만 추명의 정확도에서는 육갑포태가 앞섭니다. 이즈음에서 독자들의 혼란을 방지하기 위해 분명한 용어 구분을 해 둘 필요가 있을 것 같습니다. 일단 봉법은 음포태가 적용되는 것입니다. 거법은 육갑포태입니다. 좌법은 음포태입니다. 인종법에 팔자에 투간한 실자는 음포태를 적용하는 것이 원칙이고, 일주론에 한정하면 보통

육갑포태를 응용하는 게 무난합니다. 육갑포태를 말할 때는 비식재관인의 육신법을 쓰지, 정편을 구분하는 십성론의 음포태를 구사하지 않습니다. 더해서 학파에서 새롭게 정립한 포태 용어를 가려 쓰도록 유의하시기 바랍니다. 봉법은 '궁', 좌법은 '지', 인종은 '종'의 표현으로 구분합니다. 예컨대 갑오일생의 경우 정화 상관은 봉법으로 '사궁', 좌법으로 '록지', 인종에서 인수 임수는 '태종'과 같은 식으로 분간해서 설명하는 겁니다.

31. 갑오死

갑오일생은 상관사궁입니다. 언변과 재치가 뛰어납니다. 한마디로 잘난 체를 합니다. 관성욕종으로 제어 기능이 없으므로 자신의 재능을 과시하고 구덕의 흠이 있다고 봅니다. 이 사람은 비밀이 없는 사람입니다. 기토 정재를 암합하여 수단이 좋고 재운이 강한 편입니다. 인정이 많고 다정다감하며 어느 환경에서나 적응이 빠릅니다. 혹 다정이 병이 되어 내 것을 주고도 좋은 소리를 듣지 못하는 경우가 있으므로 처세나 일의 순서 면에서 답답해 보일 때가 있습니다. 어쨌거나 식상사궁에 록왕지로 왕성한 활동력을 과시하는데 용두사미, 시성종패의 경우가 많습니다. 비견사종으로 형제는 무력합니다. 인수태종으로 모친과의 인연은 짧은 것으로 판단합니다. 정재는 사궁록지로 대개 남자의 이성운은 좋습니다. 도처에 미인과 인연을 짓습니다. 보통 일찍 이성에 눈을 뜨는데 결혼이 늦을수록 가연을 만나는 경우가 많습니다. 여성은 보통 상관홍염으로 미모와 센스를 타고 납니다. 관성욕종은 남편으로 인한 근심이 있는 상으로 팔자에 관성이 유기하지 않으면 부덕은 기대하기 어렵습니다. 남편을 이기는 기질이 농후하여 자기주장하며 사는 사람입니다. 식상사궁은 귀한 자식을 하나 잃는 자손궁의 비애를 암시하는 요소입니다.

▸ **occult practices : 상흔傷痕**

32. 을미養

을미일생은 편재양궁입니다. 식재는 다 대지로 좌합니다. 보통 어려서부터 잔병이 치레를 하고 성년에는 흰머리가 많으며 목이 타는 인후병 등에 노출되기 쉽습니다. 이재능력을 갖추고 타향에서 자수성가하는 예가 많습니다. 미역성은 새로운 환경에 잘 적응하는 현상으로 나타납니다. 또 상당한 상속의 수혜를 보는 경우도 있습니다. 그리고 목고에 놓였습니다. 사막의 선인장과 같은 물형으로 파란만장한 고생을 수반합니다. 비견양지는 자신과 형제의 입양을 암시합니다. 양 을목은 경금의 허관을 합래하는데 이것은 명예로운 직책이나 직위를 예고합니다. 남명의 팔자에 금의 글자가 투하면 귀자를 둡니다. 인수양종은 늦게 학업적인 성취를 보는 만학을 뜻하고 교육이나 육영, 활인, 원예, 축산 등의 업상과 연계됩니다. 남자는 을목 둘의 분록 상황으로 인해 처궁이 불안합니다. 현침의 상은 처를 고생시키거나 처가 질병을 앓거나 둘 중 하나의 양상으로 나타나기 쉽습니다. 또 남녀 공히 부친과 인연이 깊으면서도 부친의 갑작스러운 횡액수가 염려되는 구조를 띱니다. 여명은 허관으로 고독은 피할 수 없습니다. 다만 상대를 잘 맞추는 성향을 지녀 결혼이 늦으면 원만한 가정생활을 꾸려나갑니다. 일확천금의 투기성도 있는데 재운은 좋은 편입니다. 몸은 아픕니다. 위장이나 자궁에 병이 생길 가능성이 있습니다. 비록 남편과의 관계는 적막해도 자식과의 유대는 깊습니다. 식신양궁의 대지가 그러한 양상입니다.

▸ **occult practices : 입양入養**

33. 병신病

병신일생은 편재병궁입니다. 인수절종으로 모친과의 인연이 약합니다. 중년 이후의 학습이나 학업 성과를 거두기는 어렵습니다. 일지 역마에 식신이 또한 역마로 이 사람은 홀로 일찍 고향을 떠나는 게 좋습니다. 편재생지는 부친과의 인연이 깊고 덕이 두터움을 암시합니다. 편재생지는 이재에 밝고 강한 활동력을 뜻하므로 병궁을 감안하면 무역, 외교, 관광 계통으로의 진출이 좋습니다. 원래 잔나비는 다재다능하고 모방이 뛰어납니다. 병화일원에 칠살생지는 빠른 출세나 승진을 예고하고 있습니다. 또 남명의 귀한 자식을 암시하는 대목이기도 하지요. 불이나 쇠를 녹여 기물을 만드는 병신의 갑자 상의는 호화롭고 화려한 면모를 말합니다. 공명심과 출세욕이 강합니다. 남자는 대개 명랑하고 귀한 배필을 만납니다만 천고성으로 다른 상대를 동경하는 성향이 있습니다. 그래서 가정이 안주하지 못하는 불안정한 양상을 보이기 쉽습니다. 일지에 재살이 동림하면 총각득자로 혼전 임신이 드물지 않습니다. 여성도 동서남북을 주유하며 일을 하는 중에 이성과 애정 관계를 맺는 유형이 많습니다. 이 사람은 내조가 훌륭하고 남편에게 헌신하는 유형입니다. 병궁에 신금의 현침은 일종의 신병을 예고하여 몸이 편치 않게 될 공산이 큽니다. 결론적으로 이 사람은 겉으로 명랑해도 속은 우울합니다.

▸ occult practices : **별거**別居

34. 정유生

정유일생은 재성생궁입니다. 일원이 장생에 놓이면 대개 마음이 순진하고 천진스러운 매력이 있습니다. 용모가 단정하고 간사함이 없으며 문창으로 학업이 우수해서 주변의 사랑과 후원이 따릅니다. 이 사람이 해시에 나면 야귀라 해서 명월지상이라, 미모를 갖추고 길함이 배가됩니다. 재신이 록왕지를 얻어 부친의 기운이 강한 반면 인수태종으로 모친은 상대적으로 무력한 양상이지만 전반적으로 부모의 덕은 있다고 봅니다. 병화는 유금에서 사종하므로 대개 형제의 덕은 박합니다. 한마디로 정유는 재좌호명이니 일생동안 금전의 궁핍이 없습니다. 혹 과다한 지출로 어려움을 당해도 주변의 도움을 얻어 문제를 해결합니다. 남자는 처덕이 있습니다. 중년에는 명리가 따르는 경우가 많습니다. 다만 재성혼잡으로 외방에 첩을 둘 여지가 있습니다. 유인성은 몸에 흉터나 수술자국을 남길 여지를 암시합니다. 여성은 관성욕종으로 풍류를 아는 부군을 맞이할 공산이 큽니다. 어쨌든 도화장생은 귀한 인연과의 배필을 암시하므로 부덕을 보는 편입니다. 이 사람은 남편을 잘 보살피는 현처일 가능성이 높습니다. 재신의 형세가 아름다운 정유일생 여명이 결혼하면 시가가 발흥하는 법입니다.

▸ **occult practices : 수술手術**

35. 무술墓

무술일생은 비견입묘로 괴강에 과살이 놓였습니다. 정화의 인수 화개에 양지로 무리 중에 뛰어난 총명성을 갖추었습니다. 또 상관 신금이 대지라 종교성과 매우 유관합니다. 이 사람은 신의가 있고 신망이 두터우며 태산의 물상으로 높은 차원을 생각합니다. 그래서 속세를 탈피하려는 성향이 강합니다. 행동이나 마음의 시비가 분명한데 상관 월살은 반음설기의 상으로 간섭이나 참견하는 잔소리가 많습니다. 신금의 상관은 일종의 노기를 뜻하여 한번 화가 나면 아주 무섭습니다. 과살은 창의 글자가 겹치는 상의에서 비롯된 것으로 크게 다치거나 수술하는 경우가 있습니다. 그래서 사람을 살려야만 액을 면하는 것입니다. 물상대체가 바로 이런 개념이지요. 양토의 비화는 자만심과 독선적인 경향으로 나타나기 쉬운 반면 천한 사람들과도 잘 어울리는 긍정적 측면이 있습니다. 또 이것은 남명에 처를 다투는 양상이 되고, 여자는 남편을 극하는 유형에 속해 배우자의 인연이 부정적인 형태를 띱니다. 늘 동거하는 형제가 있기도 합니다. 남명의 재성대종은 처에게 매정하고 무관심한 성향을 암시합니다. 화개를 겸간하면 처의 병치레를 뜻하기도 합니다. 관성양종도 화개와 겹쳐 여성 또한 남편이 무력하여 가족을 부양해야할 처지에 놓이기 쉽습니다. 무술일생은 남녀를 막론하고 가정보다 종교가 좋습니다. 인수묘궁의 양지는 친모를 봉양하지만 모친의 덕은 없는 상황이고 이따금 어머니를 향한 원망을 표출할 때가 있습니다. 상관 화개는 낙태의 위험성을 경고합니다.

▸ **occult practices : 부양扶養**

36. 기해胎

기해일생은 정재태궁입니다. 동시에 정재록지로 이 사람은 평생 기본적인 재복은 따릅니다. 부친과의 인연이 두터운 편입니다. 갑목의 정관생지는 사상이 건전하고 의관이 단정함을 묘사합니다. 겁재 무토는 절지에 놓여 형제는 무력한 양상입니다. 그래서 겉은 명랑해도 속으로 수심이 있고 비위가 약합니다. 일원의 암합은 다정하고 인정이 많음을 시사하고 횡행사해의 물상으로 해외를 주유합니다. 재살에 재관이 다 힘을 얻어 좌하므로 남녀 공히 배우자에게 충실한 편으로 결혼 생활을 잘 유지해갑니다. 일지의 정재는 곧 정당한 배우자를 뜻하기도 하지요. 인수절종은 학업의 중단수를, 팔자에 투한 상관병종은 자녀의 유학을 예고합니다. 팔자에 목화의 배합이 적절해야 상격을 짜는데 이 경우 남자는 총명하고 건전한 귀국으로 법관이나 의사, 공직 등에서 대성합니다. 해수의 라망에 수옥이 겹친 까닭인데 생사권을 쥐는 업상이거나 혹은 활인 계통이 아니면 오히려 형액을 당한다는 암시가 있습니다. 보통 양처와 연분을 맺습니다. 여명의 갑목 정관도 장생을 얻어 부덕이 있습니다. 한편 관합하여 여자는 남편을 의심하는 경우가 많고, 혹 명암부집되면 자식을 두고 개가하는 일이 있을 정도로 부부간 파란이 있습니다. 또는 타간 기토와 갑목이 암합하는 구조에서 남편을 다투는 양상이 돼 근심이 깊습니다. 하지만 합덕귀인의 형세로 천우신조의 혜택이 따르므로 우여곡절 끝에 구제되는 강한 운이 있습니다.

▸ **occult practices : 주유周遊**

37. 경자死

경자일생은 상관사궁입니다. 외견이 고고하고 도도합니다. 동시에 식상은 록왕에 좌하여 기세가 왕합니다. 응당 예리한 비판력을 갖추고 있으며 다재다능하고 문장이나 언어가 수려한 특징이 있습니다. 금한수냉은 겉은 견고하고 화려할지언정 내면에는 늘 고독한 기운이 감돕니다. 싫증이나 권태를 빨리 느끼는 형으로 뇌봉뇌별하는 경향이 짙습니다. 이 사람은 대체로 의리지상인바 강자에 강하며 약자에게는 약한 유형으로 하극상의 기질을 내포합니다. 식상만 있고 재는 없으므로 유시무종이 되기 쉬운데 종종 주위를 생각지 않고 제 주장만 할 때가 있습니다. 팔자에 화토의 글자가 잘 배합돼야 상격을 이뤄 공명을 이룹니다. 보통의 경우라면 인수태종으로 대개 학업이 부진한 편입니다. 오운에는 욕사의 충 물상이 성립돼 배우자와 갈등하고 상관견관의 흉의가 극명히 나타날 공산이 큽니다. 재성욕종으로 남명의 처는 미모일 가능성이 높고 상관생재로 배우자에게 잘 하는 편입니다. 자수의 사궁은 이박, 즉 귀가 얇아 타인에게 이용을 당하는 형편을 암시하는 요인이 되기도 합니다. 여성은 대개 피부가 희고 고운 미인 형이 많습니다. 이성을 보는 눈이 높지만 관성태종으로 남편은 기대 이하로 봅니다. 상관사궁은 자식 하나를 잃는다는 뜻을 내포합니다. 또 남편의 자리에 자식이 있는 형국이므로 배우자의 부족함을 자식으로 채우려 하는 속성이 나타납니다. 득자부별하는 경우도 있지요.

▸ **occult practices : 수련修鍊**

38. 신축養

신축일생은 인수양궁입니다. 모친과의 인연이 깊지요. 보통 부선망입니다. 재성대종에 양지니까 부친은 환자 물상을 짓습니다. 그런데 인수묘지로 육친이 유력한 양상은 아닙니다. 이러면 부양에 초점을 맞춥니다. 비견이 되는 신금이 또한 양지에 놓여 형제는 의약업계나 육영 계통에 종사하는 경우가 많습니다. 일지의 비화에다 식신대지로 이 사람은 근면하고 아무리 어려운 일이라도 반드시 결실을 보는 남다른 근기가 있습니다. 물론 아집이 강합니다. 자비가 있지만 본인 마음에 들어야만 동정을 보입니다. 자존심에 상처를 입으면 참지 못합니다. 재성대종으로 착실히 재물도 모으는 편입니다. 흑백이 분명하고 냉정한 기질이 있습니다. 인수 화개로 자연스레 도덕이나 철학, 종교 등에 관심을 가집니다.

반면 신금은 냉정한 이성을 뜻합니다. 그래서 현실적인 성향을 버리진 못합니다. 속에 칼을 품는 상이라 후일 두고 보자는 식의 독심을 품기도 합니다. 남명은 처자의 덕이 있는 편이지만 모친과의 갈등이 빚어내는 고통을 안습니다. 여성은 정관양종으로 천살의 물상이 겹쳐 종내 남편을 부양하는 식의 쓰라림이 있습니다. 쌍신이 허관을 합래하여 종종 연애는 하지만 정작 결혼이나 일부종사는 무리가 따릅니다. 배우자의 자리에 어머니가 있는 격이니 친모를 봉양하고 타자양육할 팔자입니다. 식신 또한 천살과 월살이 겹쳐 낙태를 겪을 우려가 큽니다.

▸ **occult practices : 봉양奉養**

39. 임인病

임인일생은 식신병궁에 식신록지입니다. 천주귀인

이니 식복이 있고 요리솜씨가 좋습니다. 암록으로 재물에 궁핍이 없고 보이지 않는 귀인의 조력으로 평생 안락한 복명입니다. 수기가 목화토의 상생으로 잘 유통되므로 지혜와 영감이 뛰어납니다. 다만 인수절종으로 학업이 오래도록 이어지지 않는 단점이 있습니다. 재성생지로 재복도 강하며 칠살 또한 장생을 얻어 유력합니다. 그래서 보통 임인일생은 일찍 독립하여 성공하는 유형으로 분주다사한 삶이 펼쳐진다고 보는 겁니다. 일찍부터 연애 경험도 꽤 하는 편입니다. 이 사람은 수화상조로 인기가 있고 사람이 많이 따릅니다. 임수 일원은 아우생아가 칠살을 생하여 지나치게 탈기된 불리한 점도 있습니다. 병궁에 형이 들면 상처를 입거나 질병을 앓기 쉽습니다. 평생 의식은 풍족한 가운데 남자는 기가 센 처로 인해 마음고생을 하기도 합니다. 식생재재생살은 장모가 와서 딸은 돕는 게 부담스럽다는 뜻으로 해석되기도 하지요. 여성 또한 생살로 인해 남편으로 인한 고통을 겪습니다. 고가에 토관의 공망으로 남자로 인해 우는 일이 있다고 했을 정도로 공방수가 따릅니다. 노랑 아니면 유랑과 인연이 있다고 한 점은 칠살이 병궁에 놓인 까닭입니다. 여명에 재살이 동궁하면 보통 재물을 버는 장소에 애인이 온다는 상황으로 묘사됩니다.

▸ **occult practices : 원행遠行**

40. 계묘生

계묘일생은 식신생궁입니다. 식상이 학당귀인으로 뛰어난 총기에 묘기백출하니 인기가 있습니다. 또 오기가 없으며 선한 성정의 소유자로 호감을 삽니다. 공부를 열심히 하고 잘 하지만 학문적 성취로 잘 연결되지는 않습니다. 인수태종으로 항상 학습에 대한 의욕은 강하지만 학업 기간이 오래가진 않기 때문이죠. 내심이 여리고 지구력은 약한 편입니다. 식상은 생록왕의 매트릭스 구조로 팔자에 갑목이나 을목을 보면 천재성을 발휘하기도 합니다. 의약 계통이나 예기 방면으로 진출하면 성공이 빠릅니다. 천성이 착하지만 예리한 현침의 음기가 작동하면 사납게 돌변하기도 합니다. 남명은 미모의 양처와 연분을 맺습니다. 하지만 천파성은 부부해로를 하기 힘들게 하는 요인이 됩니다. 재관욕종으로 주색을 즐기게 됩니다. 여성은 일귀로 미모이거나 적어도 호감을 사는 인상을 지닙니다. 음식 솜씨도 좋습니다. 선하고 귀한 배우자와 인연을 짓지만 자식을 두면서 부부 사이의 갈등을 초래하기 쉽습니다. 오화의 절궁과 파가 드는 시기에 공방수를 겪을 공산이 큽니다. 계묘일생은 장생귀인으로 제살을 소멸하는 원천적인 작용에 힘입어 귀인의 원조로 문제가 해결되는 행운이 따릅니다.

▸ **occult practices : 서예書藝**

五講

▶ 갑진 순의 설명을 이어갑니다. 갑진 순에서는 십성법으로 운용되는 음포태를 응용하는 수법을 다루고 있습니다. 음포태를 적용할 때는 일지의 장간에 해당 십성이 없는 경우에 한하여 팔자에 투간하거나 타지에 암장된 십성을 일지에 인종하는 수법이 있습니다. 다시 말해 허자를 일지에 인종하는 음포태는 쓰지 않습니다. 이때는 육갑포태를 적용한다는 얘깁니다.

41. 갑진衰

갑진일생은 편재쇠궁으로 겁재와 인수가 또한 반안에 듭니다. 이는 곧 투기성을 띄는 실업을 암시하고 동업을 하되 그것은 용인의 측면이 강한 겁니다. 겁인의 방신과 식상의 관대, 반안은 자기주장이 강하게 표현되므로 주도권을 쥐게 됩니다. 풍류에 일가견이 있으며 비위가 좋거나 뻔뻔하다는 인상을 주기도 합니다. 그래서 갑진일생과는 대립이나 쟁투를 피하는 게 좋습니다. 인수입고로 모친과는 인연이 박한 편입니다. 또 계수 인수는 편재에 묶여 식신으로 합화하므로 학업에 열심이나 도중하차하기 쉽고, 공부보다는 교제 활동에 더 관심을 갖게 됩니다. 역경에 분투하는 강직한 기질로 독립심이 강하고 재물을 축적하는 재주가 비상하나 급격한 변화를 겪으며 속성속패하는 일이 많습니다. 편재의 합화는 이익의 지속적인 투자를 뜻합니다. 반안에 든 재는 가급적 형충파의 작용이 일어나지 않는 게 유리합니다. 미토의 입묘운이 가장 두려운데 이때는 글자 그대로 재신이 화개로 동하여 부친의 횡액수가 예견됩니다. 이때 자신도 마찬가지로 입묘되기도 하고, 또 인수 계수 또한 화개에 놓이므로 광범위한 용신입묘의 불행 국면이 도래합니다. 편재는 관대로 좌하여 남명의 처궁에 고독의 별이 들지만, 팔자에 기토가 있으면 반안으로 인종돼 유복한 환경과 순탄한 관계를 상정할 수 있습니다. 다만 외정으로 인한 갈등 양상은 피하기 어렵겠지요. 여명의 경우 남편은 무능해질 우려가 있습니다. 경금 칠살은 양지로, 신금은 화개로 인종되는 까닭입니다. 팔자에 신금이 없으면 남편을 부양하고 시부모에 대한 공양도 잘 하는 장점이 부각됩니다. 어쨌거나 자신이 가정을 꾸려가는 팔자의 유형일 가능성이 높습니다. 자식은 유덕합니다. 식신은 관대로, 상관은 반안으로 인종되기 때문입니다.

▸ **occult practices : 식목植木**

42. 을사浴

을사일생은 상관욕궁으로 정재와 정관이 또한 도화에 듭니다. 언행이 가볍고 변동변화가 많습니다. 총기가 발랄하고 언변이 능숙하지만 평생 분주하고 주거가 불안합니다. 미남미녀 형이 많은데 대개 용모가 아름답고 피부는 윤기가 나며 머리칼이 빛납니다. 감정이 풍부하고 다정함이 지나쳐 문제가 되기도 합니다. 을사는 간지 공히 곡각에 신병에 속하여 늘 몸이 아픕니다. 혹 정신적 질환에 시달리기도 하는데 여름에 난 사람은 더 심할 수 있습니다. 결론해서 봉법으로는 도화지만 식재관이 생록지에 좌하여 이 사람은 복록이 두터운 사람입니다. 인수 임수는 사화에서 절지에 인종되므로 십중팔구 모친보다는 부친과의 인연이 더 깊습니다. 남명은 연애운이 빠르고 재관동림으로 혼전임신이나 혼전득자할 가능성이 있습니다. 대략 연애 경험이 많겠지만 어쨌든 건록에 좌한 재성과의 인연으로 처복이 있습니다. 가정은 처에게 맡기고 무심한 편이며 밖으로 돌아다니는 경향이 있습니다. 처와 장모에게 의지하는 성향이 있지요. 이 사람이 팔자에 신해를 보면 일원과 칠살이 욕사 충이 되는 복합구조를 띠어 진대패가 되는데 일말의 횡액을 예고하는 형편에 놓입니다. 사화에 신금은 사지로 인종되는데 이때 신금은 땅군, 사화는 뱀에 비유하기도 합니다. 남자와 달리 여성은 결혼이 늦어지는 경우가 많습니다. 상관이 힘을 얻은 까닭인데 일단 장생에 좌한 경금과의 암합 구조로 팔자에 을목의 비견을 보거나 하면 공방수를 면키 어렵다고 봅니다. 또 팔자에 칠살이 투하면 명암부집으로 정통도주의 가능성이 있고, 식관동림으로 부정포태의 기미가 있습니다. 하지만 정관이 건전하면 부부금슬이 좋게 나타납니다.

▸ **occult practices : 연지蓮池**

43. 병오旺

병오일생은 겁재왕궁으로 비견과 상관이 또한 장성이 듭니다. 정오의 태양으로 가장 높은 자리에 있는 형상이니 독존의 자기 식대로 살고 낙천적인 기질을 함유합니다. 상관장성은 말조심을 할 필요가 있습니다. 말이 씨가 되는 일이 종종 있기 때문입니다. 상관 기토는 건록에 좌하므로 상대의 마음을 깊이 헤아리는 면모도 있습니다. 이 사람은 상사에 직언도 서슴지 않는데 이는 상관이 제왕을 얻은 까닭입니다. 기가 왕하므로 만인을 지도하고 거느릴 봉사자로서의 역할을 명받았는데 팔자에 정재 신금이 투하면 오화에서 역마로 인종돼 성공을 이끕니다. 반면 경금을 오화에 인종하면 욕지에 놓이므로 재운이 약한 것으로 판단합니다. 또 팔자에 인수 을목을 보면 오화에서 장생으로 인종돼 학업에 두각을 드러내는 것으로 판단합니다. 하지만 팔자에 인수가 없으면 오행포태를 적용해서 갑목이 사지로 인종되기에 학업이 부진하고 모친과의 인연도 깊지 않을 때가 많습니다. 관살 임계는 각각 태지와 절지에 놓입니다. 까닭에 관운은 크게 발하지 않으므로 매사 자신은 하늘을 찌르나 결실은 뜻과 같지 않은 아쉬움이 있습니다. 남명의 경우 상관이 힘을 얻어 여타의 일인 일주들과 달리 처를 극하기보다는 마음을 쏟는 경향이 있습니다. 재성은 도화나 역마로 인종돼 이 사람의 처는 활동적거나 활발한 기운이 있다고 판단합니다. 보통 자식의 덕은 기대에 미치지 못하는 편입니다. 관살이 태지와 절지로 인종되기 때문이죠. 여성은 지나치게 강한 기질로 인해 차라리 독신이 제격이라 했습니다. 결혼하면 대개 남편이 무능해지고, 심하면 몰락하는 경우가 있습니다. 형제를 돕는 팔자고 남편이 있어도 만족을 얻기 어려우며 다툼과 갈등의 소지가 있습니다. 태지에 좌하는 부성과 왕지에 놓인 일원의 관계가 그런 겁니다.

▸ **occult practices : 수양修養**

44. 정미帶

정미일생은 식신대궁으로 비견과 인수가 또한 월살에 듭니다. 명랑한 성격에 달변이고 고집은 꺾을 자가 없을 정도입니다. 인비식의 정신기 삼자를 다 갖추어 이 사람은 도량이 넓고 베푸는 기질이 있습니다. 어려움을 당해도 밝게 잘 견뎌내는 힘이 있습니다. 식신관대로 소유욕이 강하고 독립심이 있으며 추진력이 있습니다. 조열한 기세로 간혹 쉽게 흥분하고 식는 성향이 있는데 좋은 말을 해도 화난 듯 들리는 경우가 있습니다. 인정도 많고 착하지만 조급하고 폭발적인 성격에 즉흥적으로 일을 처리하는 일면을 지닙니다. 정미일생은 팔자에 수기를 잘 갖추어야 복명이 됩니다. 수기가 없으면 절제가 되지 않습니다. 현침의 자형은 기예 방면의 소질을 암시하고 또 종교성을 품습니다. 정미일생의 재성 경금과 신금은 각각 대지와 반안에 종하여 부친은 유력한 기운이 있습니다. 또 재운도 따른다고 봐야 합니다. 인수 을목은 양지에 좌해 관대와 함께 환자의 물상을 짓습니다. 또 인수고지를 깔았기 때문에 모친이 병으로 고통을 겪을 우려가 있습니다. 속설에 무오일생과 정미일생은 정력이 절륜하여 이성관계가 복잡한 것은 도리가 없다는 말이 있습니다. 그래서 부부궁이 건전하기 어렵다는 판단이 우세합니다. 반면 식신이 유기하여 처갓집을 잘 돌본다는 암시도 있습니다. 여성은 보통 살림은 알뜰한 현모양처의 유형이 많습니다. 일단 자식궁이 괜찮습니다. 다만 관살 임수와 계수는 일지 미토에 양지와 화개로 각각 인종됩니다. 전자는 자신이 부양해야 하고, 후자는 무력함을 뜻합니다. 그래서 일반적 부덕에는 미치지 못합니다. 자녀를 출산하면 한때 배필을 극하여 남편이 곡절을 겪기 쉽습니다. 암장된 정화와는 임수 정관을 두고 다툰다는 의미가 있습니다.

▸ **occult practices : 강호江湖**

45. 무신病

무신일생은 식신병궁으로 비견과 재성이 또한 역마에 듭니다. 비식재의 역마에 암록으로 무신일생은 대개 복록이 두텁고 행운이 잘 따르는 편입니다. 이런 유형은 외식을 즐기고 중매도 일가견이 있으며 큰돈과 인연이 있습니다. 식신과 재성이 생록에 좌해 힘을 얻으니 재운은 타고 난 것으로 보는 겁니다. 만인에게 베풀기를 좋아하고 동정심도 있습니다. 정화 인수는 욕지에 인종하여 모친과는 인연이 짧은 경우가 많습니다. 보통 큰 시험에서는 낭패를 보기 쉽습니다. 부친의 덕은 봅니다. 그래서 명예보다는 재물이 우선하고, 분주다사한 가운데 식신생재의 재복을 발합니다. 팔자의 격이 좋으면 거부를 말할 수 있습니다. 관살은 포태지로 인종됩니다. 그래서 남의 충고는 잘 받아들이지 않는 고집이 있습니다. 신금의 현침이 병궁에 들면 중년에 요통이나, 담석, 요석 등의 결석으로 편치 않을 형편을 암시합니다. 남명은 처와 장모 모두 유정한 기운이 감돌아 좋은 인연을 맺을 가능성이 높습니다. 식재동림은 장모를 봉양하는 유형으로 봅니다. 부부관계가 원만해도 외도는 피하기 어렵습니다. 또 부친의 유업도 양호한 상입니다. 다만 자식은 기대에 미치지 못할 때가 많습니다. 여성도 식록이 풍부하고 대체로 부자가 많습니다. 남편이 부진하면 자신이 직접 사업가로 나서 요식업이나 많은 사람들 상대하는 직업으로 치부하게 됩니다. 자녀는 건실합니다. 다만 관이 무력하여 배필과는 무정해질 공산이 큽니다. 팔자에 인목이 있으면 출산하면서 배우자가 무력해지는 경우가 곧잘 있습니다. 천고성은 고독의 별로 속세의 성공과 별개로 가정의 적막함을 암시하는 성분입니다. 팔자에 진토의 월살과 합작하면 신앙심이 깊어집니다.

▸ **occult practices : 봉사奉仕**

46. 기유生

기유일생은 식상생궁입니다. 식상은 또한 록왕지에 좌하지요. 한마디로 식상의 기세가 왕합니다. 천주귀인으로 평생 식록이 있고 의식의 풍족함을 예고하는 구성입니다. 팔자에 자수가 있으면 비록 절지에 놓여도 재신이 록왕에 좌해 부자가 될 가능성이 높아집니다. 한편 관성이 포태로 인종하여 남자는 벼슬과 인연이 약하고, 여자는 남편 인연이 약해 고통이 따를 형편을 예고합니다. 여성은 자식에 대한 집착이 강해 배필과 갈등을 겪는 경우가 많습니다. 이 사람은 베풀기를 좋아합니다. 줄기차게 연구하고, 자신의 연구 결과를 활발하게 공개함을 뜻하기도 하지요. 성격은 온순하면서도 타인을 제압하는 힘이 있습니다. 정화 인수 또한 장생을 얻어 학업이 우수하고 두뇌가 비상한 부류들이 많습니다. 특히 학당 유금은 기억력과 암기력이 뛰어나다고 봅니다. 지혜가 있고 상사의 신임을 받으며 주위의 인정을 받는 편입니다. 흔히 기토는 모성에 비유되고 유인의 천인성은 내면의 냉철함과 일도양단하는 기세를 품습니다. 그래서 부드러운 카리스마 같은 게 있습니다. 또 수술 등으로 몸에 상처를 남기기도 하지요. 남명의 처는 미모에 지혜가 총명한 사람과 인연이 맺기 쉽습니다. 정재 임수는 유금에서 도화로 인종되니까요. 도화와 장생이 조화됐을 때 이러합니다. 편재 계수는 역마로 인종됩니다. 역마 편재는 곧 외유를 뜻합니다. 보통 이 두 가지 양상이 다 나타나기 쉽지요. 관이 무력해서 일단 자식은 평범하다고 봐야겠습니다. 여성은 재주가 있고 살림도 잘하지만 상관의 기세가 왕하여 남편을 무시하는 경향이 있습니다. 까닭에 공방수가 따르지요. 배우자는 나이 차가 많을수록 양호하고 인연이 닿지 않으면 과부가 되기도 합니다. 자식을 바라보고 사는 경우가 많습니다.

▸ occult practices : **수정水晶**

47. 경술衰

경술일생은 인수쇠궁으로 겁재와 정관이 또한 반안에 듭니다. 경술은 복잡한 물상을 짓습니다. 만물의 결실과 거두어들이는 상으로 숙살기도 품습니다. 검경계나 군인, 의약, 활인 계통과 유관합니다. 또 전문기술 분야를 직업으로 삼는 경우도 많지요. 그래서 고가에 경술일생과 병진일생은 공업성으로 구분하기도 했습니다. 술토에서 병화가, 진토에서 신금이 화개를 놓기 때문이죠. 특히 술토 천문에 암장된 정화와 신금은 천살과 월살로 좌하여 곧 종교성입니다. 관인이 부딪쳐 정신계가 맑아지니 영감이 솟습니다. 여기에 편인 화개가 가세하니 영성을 갖춘 셈입니다. 학업 과정에 두각을 드러내는 이들이 많습니다. 자존심에 상처를 입으면 분개하고 즉각 대응하는 기질이 있습니다. 사고의 글자에 편인을 두면 대개 그러합니다. 겁재가 관대로 좌해 강맹하고 자기중심적인 성향이 있습니다. 자만하거나 기고만장할 때가 더러 있지요. 편재 갑목은 양지, 정재을목은 화개로 각각 인종돼 부친의 덕을 보기는 어렵습니다. 모친과는 인연이 길어 봉양하는 경우가 많습니다. 부부 관계는 그다지 순조롭지 않습니다. 식상은 관대와 반안으로 인종돼 남자는 처덕을 보는 편이지만, 재성의 형세를 살피면 처 하나로 만족하지 못할 공산이 큽니다. 관성이 천살로 자식을 두지만, 화고인 술토는 자식 하나를 잃는다는 암시가 있습니다. 관고는 여명의 남편이 횡액에 노출됨을 예고합니다. 이 사람은 남성의 세계와 심리는 남자보다 더 잘 알고 남자를 조종하는데 일가견이 있습니다. 자좌관고인 까닭이죠. 또 양지의 정관을 부양하는 물상이니까 그런 겁니다. 대개 여걸 타입인데 과부들도 종종 발견할 수 있습니다. 대다수의 경우 배우자가 무능하기 쉽습니다. 자식을 두면 현출하고 똑똑합니다.

▸ **occult practices : 산신山神**

48. 신해浴

신해일생은 상관욕궁으로 인수와 정재가 또한 도화에 듭니다. 남녀 공히 색정으로 인한 문제가 나타날 공산이 큽니다. 팔자에 목화가 균형을 갖추면 의식주가 유여하지만, 수가 왕하면 유시무종, 자모자패하는 결과를 보기 쉽습니다. 이 사람은 언제나 매무새가 감각적으로 깔끔하게 정돈되어 있는 스타일리스트들이 많습니다. 두뇌가 비상하고 예술이나 문학 방면에 조예가 깊습니다. 상관 임수는 건록에 좌해 언변과 재치가 뛰어나고 수단이 좋으며 남에게 베푸는 인정이 많아 주변의 인기를 모읍니다. 대개 승부욕이 강하고 논쟁을 즐기며 반론을 제기하는 상대는 적으로 규정하여 제압하려는 속성이 강합니다. 재능이나 능력에 비해서는 재운이 강한 편은 아닙니다만, 재신은 장생으로 좌해 재정적인 원조가 따릅니다. 하지만 큰 사업을 할 만한 그릇이 아닙니다. 인수 무토는 절지로 좌하여 학업이 초반에는 우수하다가도 부진한 결과를 보기 쉽습니다. 남자는 아름다운 배필과 인연을 맺습니다. 처가가 부유한 경우가 많고 처덕을 보는 편입니다. 관성이 포태지로 무력하여 자식은 저조합니다. 대개 남자는 이성과의 교제가 오래 지속되지만 여자는 수시로 관계가 깨질 때가 많습니다. 여명은 금백수청의 상으로 대개 피부가 희고 고우며 아름다운 사람이 많습니다. 화려함을 좋아하고 사치를 즐기며 대개 혼전에는 독신을 주장하는 편입니다. 보통 상관의 기세가 강하면 교만한 성정이 드러나는데 혼자 똑똑하여 남편을 무시하고 우습게 여기는 기질을 품습니다. 부부 사이는 냉랭한 기운이 감도는 경우가 많습니다. 그래서 자식을 낳은 후에 남편과 헤어지는 경우가 대부분입니다. 신해일생은 한랭한 기운으로 인해 때때로 생리불순이나 복통을 겪습니다.

▸ **occult practices : 온욕溫浴**

49. 임자旺

임자일생은 비겁왕궁입니다. 오직 수왕하므로 천귀성의 순도가 있습니다. 바다가 깊고 넓어 만물을 감싸는 형상이니 도량이 넓고 인정이 넘칩니다. 또 비밀이 많고 끈질긴 면이 있어 인인자중하는 품성을 갖춥니다. 장성으로 세상 천지에 겁날 게 없다는 영웅적인 기질과 수완이 있습니다. 일지에 암장된 비견은 허신 재성을 비합하고, 또 재를 다투는 양상이 되기도 한데 대개 경쟁과 투쟁을 통해 대업을 성취하는 유형입니다. 그래서 타인에게 고통을 주면서 성공을 거머쥐는 결과를 초래할 때가 있습니다. 비겁이 서로 경쟁하는 구조라 형제를 잃는 일이 있고, 자신은 장남의 역할을 하는 경우가 많습니다. 인수 경금은 사지. 신금은 생지로 인종돼 두뇌가 총명하고 시험에 강한 경쟁력을 발휘할 때가 많습니다. 재성은 포태지에 인종되므로 재운은 크게 발하지 않습니다. 하지만 암재를 합래하는 힘이 있어 성운은 큰돈을 거머쥐기도 합니다. 결론해서 이 사람은 만인을 거느리는 지도자로 부상해야지, 사업과 인연하면 성패가 다단하므로 불리합니다. 따라서 조직이나 직장에서 운신하는 게 바람직하다고 보는 관점이 있습니다. 하지만 관성 또한 재신과 마찬가지로 무력한 양상이라 고위직에 오르는 과정이 순탄치가 않습니다. 팔자에 병화와 무토가 적절히 배합되어 격국이 빼어나거나 특별한 계기가 있어야만 큰 발전이 따릅니다. 성운을 만나 큰 인물이 되면 많은 이들이 문전성시를 이루지만, 패망하면 고립되고 사면초과의 비애를 통감합니다. 홍염으로 이성에게 호감을 사는 매력이 있는데 남명의 처궁은 포태의 무력한 상으로 처덕을 기대하긴 어렵습니다. 그러나 왕궁에 놓인 배우자는 당당한 자기주장을 하는 편입니다. 여성도 대개 여장부 격으로 가정에만 국한된 삶으로는 만족할 수 없습니다. 관성이 무력하므로 일반적인 남편의 덕은 없다고 봅니다.

▸ **occult practices : 태산泰山**

50. 계축帶

계축일생은 칠살대궁으로 비견과 인수가 또한 월살에 듭니다. 마르지 않는 축축한 땅은 만물을 길러내는 터전이지만, 차갑고 축축해서 일종의 고독한 오기와 강한 집념을 보입니다. 암장된 비견은 관을 다투는 경쟁 국면을 암시하는데 장애가 되는 요소를 제거해버리는 냉정한 면모를 풍깁니다. 축토의 천액성은 몸이 아파서 남다른 고통을 겪는다는 암시가 있습니다. 명예와 자존심을 중시하는 이 사람은 일지 장간에 인비가 상당한 힘을 지녀 한 길로 힘써 나아가는 기상이 있습니다. 대개 부친보다는 모친과의 인연이 깊습니다. 신금은 천살, 기토는 화개로 인종돼 종교성으로 교육이나 정신계의 지도자상으로 볼 수 있습니다. 보통 암록에다 재성 정화의 화개는 재고와 같아 재물에 궁함은 없습니다. 팔자에 목화가 잘 구성되면 재운이 강하고 안녕을 유지할 수 있습니다. 칠살의 관대와 화개는 부부궁이 불미하기 쉽습니다. 사회생활에서는 인정을 받지만 가정은 그만 못하다는 얘깁니다. 계축일생은 집안에서는 재미가 없고 밖에서는 즐거운 사람입니다. 남녀공히 자신의 자존심 때문에 결혼 생활을 영위해도 배우자로 인한 만족은 크지 않습니다. 축토는 정화재신과 기토 칠살의 묘지로 처가 병으로 비관할 때가 있습니다. 또 자녀의 양육도 수월치 않습니다. 주변의 원조가 따라도 풍족하지는 않습니다. 여명 또한 관고는 심하면 사별, 아니면 칠살 관대로 남편 때문에 고통 받고 신음하는 기상입니다. 고가에 노랑이나 소실, 재혼의 경우가 아니면 과부의 상이라 했을 정도니까요. 신앙생활과 아울러 음덕을 많이 쌓아야 재앙을 피하고 편해진다는 겁니다. 식상이 관대와 반안에 종하므로 귀자를 둡니다. 일지에 형충이 들면 유산이나 조산 등으로 잃는 자식이 있습니다.

▸ **occult practices : 음덕陰德**

六講

▸ 이제 육갑의 마지막 순이 되는 갑인 순을 설명하겠습니다. 앞의 갑오 순에서 선보인 육갑포태의 인종법을 중심으로 각 갑자를 정리합니다.

51. 갑인祿

갑인일생은 갑목 일원이 건록에 놓입니다. 갑목 비견은 록지에 좌합니다. 병화 식상은 록궁 생지에 좌합니다. 무토 재신은 록궁 생지에 좌합니다. 관록 경금은 록궁 절지로 종합니다. 인수 임수는 록궁 병지로 종합니다. 춘목의 정록입니다. 밝고 명랑한 기운이 가득하여 능동적이고 긍정성을 띱니다. 위인이 건전하고 자립심이 강하며 자수성가하는 유형이 많습니다. 이 사람은 주관이 확고하여 사사로이 행하지 않습니다. 비견이 재를 다투는 양상으로 경쟁력이 강한 편인데 형제 관계에서는 자기주장이 강해 불화할 때가 많습니다. 식신이 생록을 얻어 적극성이 지나치면 타인과 불화하기 쉽습니다. 식재의 장생은 자신의 내면에 집착하며 주체적으로 궁리하여 연구 성과나 재정적인 성취를 보게 됨을 뜻합니다. 관성이 겁살을 띠므로 조직이나 직장 생활에서 종래 독립하여 창업하는 형태로 나아감을 암시합니다. 인수는 병지로 모친이 활동력이 있지만 만년에 병을 얻어 쇠약해지는 기상입니다. 간여지동으로 부부는 서로의 자존심만 내세우는 격이니 실패를 보기 쉽습니다. 공히 남에게 예속되기를 기피하고 군림하려는 기질이 강합니다. 남명은 내심 가족에 대한 애착이 있으나 실제로는 안주하지 못하고 밖으로만

나도는 경우가 많습니다. 부모와 뜻이 맞지 않으면서도 형제 중 장남의 역할을 하므로 책임을 중히 여기는 마음이 있습니다. 관성절종으로 장남이나 자손과의 인연이 박하여 자식을 잃거나 불화하는 경향이 있으므로 기도하게 됩니다. 여명도 고란으로 자식 복은 있지만 남편과는 인연이 오래 가지 않습니다. 혹 사별하거나 재취할 가능성도 높습니다. 보통 조혼은 실패하고 가주 노릇을 해야 합니다. 그래서 독신이 오히려 낫다고 할 정도입니다.

▸ occult practices : 야원野原

52. 을묘祿

을묘일생은 을목 일원이 건록에 놓입니다. 갑을 비겁은 록왕에 좌합니다. 병화 식상은 록궁 욕지로 종합니다. 무토 재신은 록궁 욕지로 종합니다. 관록 경금은 록궁 태지로 종합니다. 인수 임수는 록궁 사지로 종합니다. 초목은 부드럽고 원만해보입니다. 하지만 태풍에도 넘어가지 않는 외유내강의 전형으로 상당한 고집의 소유자입니다. 똑똑해도 배타적인 성정으로 타인에게 인정받기 어렵고, 인정이 많은 것 같아도 한편으로 인색해서 알다가도 모를 일입니다. 비견이 관을 다투는 양상으로 경쟁심을 발휘하고 지도적 위치에 오르려고 하지만 관성이 재살로 종해 주위로부터 배척을 당하는 경우가 많습니다. 팔자에 금신이 왕기를 띠지 않는 이상 관운은 잘 따르지 않습니다. 투기적 성향이 있는데 더러 게임이나 투자 등으로 재물을 취할 때가 있습니다. 팔자에 오화를 보면 식상이 생록왕을 얻어 재운이 강해집니다. 일지에 비겁의 혼재는 돈은 아무리 벌어도 나갈 데가 많음을 뜻합니다. 일득삼실이지요. 재인이 욕사로 인종돼 부모와의 인연은 순조롭지 않은 편입니다. 이 사람은 밖에서는 호인이나 집안에서는 무정합니다. 남자는 재신 욕패로 평생에 여색으로 인한 큰 재난을 한번 겪을 수니 조심해야 합니다. 식상도 도화로 종해 음식을 잘못 먹어 고통을 겪는 일이 있습니다. 연애는 쉽지만 결혼 생활은 원만치 않고 해로가 어렵습니다. 여명도 겉으론 부드러우나 고집이 세기는 마찬가지로 은근한 제 주장이 너무 강해 탈입니다. 남자를 이겨 먹습니다. 고가에 첩실도 정실이 될 정도라 했으니까요. 이 사람은 인정이 많으면서도 현침의 독한 면이 있습니다. 대개 남편은 무능한 편이라 본인이 사회활동을 하게 됩니다. 자식 복이 박하고 속을 꽤나 썩이는 자식이 있습니다.

▸ **occult practices : 마상馬像**

53. 병진帶

병진일생은 병화 일원이 관대에 놓입니다. 병화 비견은 관대로 종합니다. 무토 식상은 대지에 좌합니다. 경금 재신은 대궁 양지로 종합니다. 관록 계수는 대궁 양지로 종합니다. 인수 갑목은 대궁 쇠지로 종합니다. 양광이 비추는 봄의 대지는 만물을 길러내는 상입니다. 이 사람은 식신관대로 수완이 좋습니다. 팔자에 금신이 투하면 사업적 성과를 냅니다. 천간성은 마음속에 무궁한 지혜와 모사가 있음을 암시합니다. 식록이 넉넉하고 재성양지로 만인을 기르는 공덕을 쌓을 수 있습니다. 인수반안은 자비롭고 베푸는 기질을 뜻하는데 비겁의 부재로 방탕이나 소모적 지출은 없는 편입니다. 관성의 월살과 천살은 정통 신앙을 뜻합니다. 관대양지의 관고는 보통 군인, 경찰, 의약, 교육계 등으로 진출하여 성공하는 사례가 많습니다. 또 갑자의 상의가 지하실의 조명, 전열기 등과 같아 공업성으로 구분되는데 전기전자 계통에서 종사하는 이들도 적지 않습니다. 병진일생은 대개 적극적인 자기표현을 통해 연애로 성혼합니다. 남명은 자식이 귀하고, 관고를 자식 하나를 잃는다는 암시가 있습니다. 여명은 식관동림의 구조로 혼전임신이나 부정포태를 경험할 가능성이 있습니다. 관고를 놓아 권력계통이나 의약업에 종사하는 부군이 아닐 경우 그 남편이 관재로 수옥이나 사별의 형액을 당하기도 하는 것이다. 자식도 결국은 생리사별을 하는 상이므로 신앙에 의지하는 경우가 많습니다. 식관이 암합하기 때문에 자연유산이나 낙태 등의 산액을 겪기도 하는 것입니다. 고가에이 사람은 살림을 잘 하는 양처의 형인데 육친의 덕이 없으니 눈물이 마르지 않는다고 했습니다. 보통 자식을 출산하고 나면 배우자가 무력해지는 양상으로 나타나기 쉽습니다. 그래서 병진일생의 여명은 반드시 공직자나 직장인과 인연을 맺고 남편이 조직 생활을 계속 이어가도록 격려하는 게 좋습니다.

▸ **occult practices : 신앙信仰**

54. 정사旺

정사일생은 정화 일원이 제왕에 놓입니다. 병화 비겁은 왕궁 록지에 좌합니다. 무토 식상은 왕궁 록지에 좌합니다. 경금 재신은 왕궁 생지에 좌합니다. 관록 계수는 왕궁 태지로 종합니다. 인수 을목은 왕궁 욕지로 종합니다. 화기가 왕성한 정사일생은 화창하고 활발한 외양이 대다수입니다. 불같은 성미에 고집과 강한 기질은 타고 난 겁니다. 대략 음성이 높고 언변이 뛰어난데 상관의 록왕은 모든 것을 제압하고 제도하는 능력과 기운을 뜻합니다. 간혹 성격이 급하여 거친 언행을 하기도 하는데 이내 후회하는 편입니다. 늘이고 질질 끄는 것은 질색이죠. 남의 밑에서 종사하지는 않습니다. 우두머리 격이기 때문이죠. 그러니 월급 생활은 죽기보다 싫어하는 경향이 있습니다. 보름달의 상은 마음속에 큰 욕망과 정의를 품기 마련입니다. 솔직담백하면서도 자신의 이상을 잘 털어놓지는 않습니다. 사물의 처리가 밝고 신속해서 주변의 인정을 받는데 타인의 과오는 반드시 지적하고 넘어갑니다. 화금주인의 상은 부명의 전형인데 식재가 생록왕을 얻어 이 사람은 재물을 모으는 능력이 뛰어납니다. 생에 큰돈을 벌 기회를 몇 번 만납니다. 물론 겁재로 인해 손재수도 나타납니다. 인수욕패는 학문적 성취과 뜻과 같지 않음을 예고합니다. 큰 시험에서 학마가 따릅니다. 남자는 이성에 일찍 눈을 뜨지만 성사가 잘 되지는 않습니다. 장간의 겁재가 재를 다투기 때문에 그러합니다. 친구가 애인을 소개시켜주는 경우도 많지요. 어쨌거나 남명의 처덕은 있습니다. 재성장생이니까요. 여성은 알뜰하고 현명한 사람입니다. 재물에 대한 욕심도 강하고 재복도 따르는 편입니다. 대부분 사회활동을 합니다. 하지만 관성재살이라 부부다툼이 심하고 헤어질 공산이 큽니다. 남편 덕이 없다는 애깁니다.

▸ **occult practices : 망월望月**

55. 무오旺

무오일생은 무토 일원이 제왕에 놓입니다. 기토 비겁은 왕궁 건록에 좌합니다. 경금 식상은 왕궁 욕지로 종합니다. 임수 재신은 왕궁 태지로 종합니다. 관록 갑목는 왕궁 사지로 종합니다. 인수 병정은 왕궁 록왕에 좌합니다. 인비로 구성된 일인, 무오일생은 완고한 성정으로 특유의 저돌성을 드러냅니다. 인수가 왕하여 모친과의 인연이 강하고 여타의 육친과는 떨어져 지내는 경우가 많습니다. 외견은 중정한 군자의 상이지만 앉은 자리가 뜨거워 불안정한 기운이 있으므로 더러 타인과 불화할 때가 있습니다. 자기 사업을 하고 지도자의 길을 가는 게 어울립니다. 보통 학업에 충실하고 매사에 꼼꼼하며 글씨나 그림에 소질을 보이기도 합니다. 일점 수기가 없지만 재성 수기를 암합하여 끌어오는 힘이 있습니다. 그래서 축재와 손재가 함께 나타나는 상입니다. 천복성은 종내 이루는 게 많으므로 대개 세월이 흐르면서 발전하는 양상으로 나타납니다. 팔자에 금수가 적절히 배합되면 부자로 평생 안락을 구가할 수 있습니다. 고가에 무오일생과 병자일생은 음양으로 이성의 유혹이 따르고 미모의 배우자와 인연이 있다고 했습니다. 남명은 처를 극하는 기질이 있고, 재성재살로 인해 부부간 뜻이 잘 맞지 않아 자주 다툴 때가 있습니다. 배필 관계를 악화시키는 원인이 자신에게 있다고 봐야 합니다. 여명도 대개 호탕한 여걸로 언변과 수단이 능해 활동력이 강합니다. 관성사지로 부궁은 무력한 편이라 혹자 독보할 때가 많습니다. 모친이 남편 자리에 있는 형상으로 데릴사위를 맞아 결혼 후에도 모친과 같이 지내는 경우가 많습니다. 강한 성욕으로 인해 독신의 경우는 드뭅니다. 종교와 철학에 관심이 깊고 주로 미남과 인연을 맺습니다.

▶ **occult practices : 광천鑛泉**

56. 기미帶

기미일생은 기토 일원이 관대에 놓입니다. 기토 비견은 대지에 좌합니다. 신금 식상은 대궁 쇠지로 종합니다. 계수 재신은 대궁 묘지로 종합니다. 관록 을목는 대궁 양지에 좌합니다. 인수 정화는 대지에 좌합니다. 인비의 관대는 적덕의 기운을 시사합니다. 지나친 경쟁심이나 굳은 의지가 타인과의 불화 요인이 되기도 합니다. 성패가 다단해도 결국 목표는 성취하지만 인간관계는 원만치 않다는 얘깁니다. 그래서 사업보다는 봉직이나 교육자로 진로를 정하는 게 좋다는 관점이 있습니다. 어쨌거나 이 사람은 남 좋은 일을 많이 합니다. 종교와 신앙 등에 관심을 두고 암록으로 의식에 궁함은 없습니다. 재신화개로 부친보다는 모친과 인연이 깊습니다. 인수관대는 학업에서 좋은 성적을 내고 경쟁 관계에서 두각을 드러내는 것을 뜻합니다. 식재의 부재로 결혼은 늦어질 때가 많습니다. 남자의 경우 밖에서는 무골호인이나 집에서는 무뚝뚝하고 현침관대로 심하면 폭군의 기질이 나타나기도 합니다. 재신입고의 상이라 처궁에 질액이 따릅니다. 천역은 평생 분주함을 뜻합니다. 여성도 고집이 있고 남자 알기를 우습게 보는 기질이 있다. 관고를 깔았기 때문이죠. 외정의 우려가 있습니다. 남편 복은 박해 가족을 부양하며 사회 활동을 하는 경우가 많습니다. 비견과 부성을 다투는 격이니 친구를 조심할 필요가 있습니다. 손재주가 남다른데 의약이나 전문기술 분야로 직업을 가지면 안정된 생활을 영위합니다. 조토는 생금이 쉽지 않아 팔자에 수기가 부족하면 자녀 출산이 어려울 때가 있습니다. 부부 관계에서 기미일생은 남녀 공히 배우자의 부정이나 병환 등으로 인한 평생의 갈등이 있습니다. 그래서 참고 이해하지 않으면 해로가 쉽지 않습니다.

▸ **occult practices : 서예書藝**

57. 경신祿

경신일생은 경금 일원이 건록에 놓입니다. 경금 비견은 록지에 좌합니다. 임수 식신은 록궁 생지에 좌합니다. 갑목 재신은 록궁 절지로 종합니다. 관록 병화는 록궁 병지로 종합니다. 인수 무토는 록궁 병지에 좌합니다. 서쪽의 별은 고독하고 외롭게 빛나는 것입니다. 이 사람은 임사즉결하고, 한번 방향이 정해지면 틀려도 밀고 나갑니다. 경쟁력이 강하고 추진력이 있습니다. 식신장생으로 능수능란합니다. 경쟁 논리로 타인을 지배하려는 속성을 품습니다. 의협심이 강하여 약자의 편을 들며 혁신적인 성향이 강합니다. 대략 학업도 우수한 편인데 특히 큰 시험에 강합니다. 타고난 문성은 아니기 때문에 세속적 목적을 성취하면 더 이상 학문에 관심을 두지 않는 편입니다. 이 사람은 권력 계통이 가장 적합하며 정치나 군경, 검찰 계통에 투신하여 대성하는 경우가 많습니다. 이외에 운동선수나 기계, 의약, 예술 계통의 종사자도 적지 않습니다. 경신일생은 남녀 공히 제 주장이 강해 부부의 금슬이 좋지 않은 편입니다. 팔자에 인목을 보아 절록의 충이 나타나면 거칠고 강한 면모가 드러나고 손재나 상신할 우려가 있습니다. 정화의 정관으로 적절히 제복돼야 격국이 높아집니다. 대체로 부친과의 인연은 깊지 않고 모친과는 무난한 경우가 많습니다. 재성겁살로 남명은 처를 고생시키는 유형입니다. 비견의 분록 구조는 처재를 합래하여 두세 번 장가를 드는 일이 있습니다. 여성도 사회적으로 큰 인물로 부상하는 경우가 있습니다. 평범해도 본인이 가정을 이끌어 고단하고 친구로 인한 손해를 입기 쉽습니다. 천고는 공방수로 고독한 팔자임을 암시합니다. 강한 고집과 개성이 부부의 이별을 가져오기 쉽습니다. 식신의 생록은 자식이 귀자일 가능성을 높입니다.

▸ **occult practices : 기관機關**

58. 신유祿

신유일생은 신금 일원이 건록에 놓입니다. 경신 비겁은 록왕에 좌합니다. 계수 식신은 록궁 병지로 종합니다. 을목 재신은 록궁 절지로 종합니다. 관록 정화는 록궁 생지로 종합니다. 인수 기토는 록궁 생지로 종합니다. 신유일생은 내강의 전형입니다. 일견 원만해보여도 그 마음은 차갑고 고지식합니다. 소란스럽고 번잡한 것을 싫어하고 고요하고 평온한 환경을 좋아합니다. 신경이 매우 날카롭고 사물에 대한 번민과 생각이 많습니다. 한번 믿으면 모든 것을 다 바치지만 일단 증오심을 품게 되면 쉽게 풀리지 않습니다. 타협이 없으며 주관이 확고합니다. 일지가 비겁으로만 구성되면 대단한 아집이 있습니다. 을묘일생이나 임자일생은 애초에 타인에게 동조하는 법이 드문 겁니다. 병화 허관을 비합하여 이 사람이 인정을 베풀 때는 봄눈 녹듯 다정할 때가 있기도 합니다. 이 사람은 재주와 재능, 경쟁력을 다 갖추었지만 재운이 크게 따르지는 않습니다. 팔자에 재신절지 묘목을 보면 사업할 가능성이 높은데 필연 성패의 부침을 겪게 됩니다. 곡절을 겪어도 타고 넘어서는 자립의 근기는 있어 다시 일어섭니다. 신유일생의 부부 인연은 일단 불리한 양상입니다. 강한 고집이 갈등의 원천이 되는 겁니다. 재신절종으로 남명의 처와는 해로가 어렵고 이별의 쓴잔을 마시는 경우가 많습니다. 여성도 원만한 부부관계를 기대하긴 어렵습니다. 인생무상을 실감하게 되는데 본인이 가계를 꾸려가는 경우가 많습니다. 남편은 역마로 떨어져 지내거나 혹은 부군의 병환으로 인해 고통을 당하기도 합니다. 미모임에도 남편의 사랑을 받지 못하니 한이 많은 겁니다. 혹 소실이거나 재취의 부부 인연이면 배필로 인한 고통이 작아집니다. 양 신금의 천인은 타인을 위해 적덕해야 신액을 면합니다.

▸ **occult practices : 기독基督**

59. 임술帶

임술일생은 임수 일원이 관대에 놓입니다. 임수 비견은 대지에 종합니다. 갑목 식신은 대궁 양지로 종합니다. 정화 재신은 대궁 양지로 좌합니다. 관록 무토는 대궁 묘지에 좌합니다. 인수 신금은 대지에 좌합니다. 천문의 인수관대는 선견지명이 있습니다. 직감이나 예감이 빠르고 상대의 마음을 잘 파악하며 꿈이 잘 맞습니다. 잘 베풀면서도 재고를 두어 욕심이 있는 편으로 취재에 일가견이 있습니다. 재를 암합하여 인정이 많으면서도 제 것은 챙겨두는 일종의 이기적인 경향이 있습니다. 정화와 신금이 부딪혀 탐재괴인하는 작용이 있기 때문입니다. 상대가 마음에 들면 잘하지만 한번 틀어지면 증오가 심합니다. 재관의 관대와 화개는 중생을 계도하는 성분으로 종교와도 인연이 깊습니다. 임술일생은 고위 공직자나 의약업계의 종사자에서 많이 발견되는 일주입니다. 대체로 부모의 인연이 고르며 매사를 자신이 알아서 잘 처리하므로 육친 간의 갈등이 없는 편입니다. 보통 부선망으로 모친과 인연이 깊습니다. 대개 일찍 연애가 가능하고 무난한 인연을 맺을 공산이 큽니다. 타고난 자존심을 지키려는 기질이 강하므로 배우자도 거개 잘난 사람과 인연이 됩니다. 남명은 처를 부양하는 팔자로 처의 잔소리나 병환 등으로 인한 고통이 따라도 대개 인연을 길게 이어갑니다. 재관동림으로 자식을 들어서도 결혼하는 경우도 적지 않습니다. 이 사람은 재고를 두어 재복이 두터운 편인데 타간에 임수가 병렬하면 고지의 재를 비출하여 거금을 희롱하기도 합니다. 여성은 대략 밝은 성정과 기질을 품습니다. 관고는 남편이 권력이나 의약 계통에 종사해야 길합니다. 아니면 과부가 되거나 남편의 무능과 간섭으로 인해 신음하게 됩니다.

▸ occult practices : **향화香火**

60. 계해旺

계해일생은 계수 일원이 제왕에 놓입니다. 임수 비겁은 왕궁 록지에 좌합니다. 갑목 상관은 왕궁 생지에 좌합니다. 정화 재신은 왕궁 태지로 종합니다. 관록 무토는 왕궁 절지에 좌합니다. 인수 신금은 왕궁 욕지로 종합니다. 계해일생은 외유내강에 천문의 수양을 쌓았습니다. 상관이 생록을 얻으면 두뇌가 총명한 인사들이 많습니다. 해수의 갑목 식신이 생왕하여 목표를 정하고 묵묵히 매진하여 국제적인 인물로 부상할 수 있음을 암시합니다. 무한한 잠재력에 타인보다 앞서갈 수 있는 요건을 갖춘 셈입니다. 만사태평한 듯해도 상관의 작동은 생각이 그치지 않고 주변에 민감함을 뜻합니다. 겉보기에 둔한 듯해도 천재적인 두뇌가 작동하는 겁니다. 이 사람은 겁재와 재를 다투는 형국으로 경쟁 국면에서 성취하고 성패의 부침을 겪습니다만, 한 길로만 나가면 성공할 가능성이 높은 편입니다. 평소에 느긋하게 기회를 노리다가 적기를 포착하면 속결합니다. 정관겁살은 관운의 중단으로 신상의 변동을 예고합니다. 다만 정관을 암합하므로 백수로 지내는 일은 드뭅니다. 이 사람은 때를 잃어도 천직을 부끄럼 없이 수행하는 강인한 정신력을 갖춥니다. 인수와 재성은 도화와 재살로 인종돼 부모의 덕을 기대하기는 어렵습니다. 자신보다는 단체와 사회를 먼저 생각하니 자연 가정에는 소홀한 면이 있습니다. 분명 배우자와의 갈등이 있는데 서로 떨어져 살면 인연을 이어갈 수 있습니다. 남명은 자식과 일찍 떨어져 지낼 운명을 타고 났습니다. 여성도 총명하고 생활력이 강한 편으로 정관을 암합하여 외정의 우려가 있습니다. 상관견관은 혼전임신으로 결혼이 성립될 가능성을 암시합니다. 또 자녀를 두면 남편과 이별하는 형편을 예고합니다. 팔자에 명암부집이 성립되면 정통도주가 우려되기도 합니다. 자식은 필시 귀자를 둡니다.

▸ **occult practices : 해외海外**